并购整合中相对地位与相对剥夺影响离职意愿研究

颜士梅　著

国家自然科学基金面上项目“并购中相对地位与相对剥夺影响离职意愿的机制及效应”（项目编号：72172138）和“并购情景下领导–成员资源交换及其对离职意愿的双重影响机制”（项目编号：71672171）资助出版

科学出版社

北京

内 容 简 介

本书基于社会身份理论、相对地位理论和相对剥夺理论，运用案例分析法，揭示了并购整合中相对地位与相对剥夺分别和一同影响离职意愿的机制。研究发现，在强调整合的后并购组织中，地位合法性在群体相对地位对离职意愿或者群体相对剥夺的影响关系中，以及在通过影响群体相对剥夺进而影响离职意愿的过程中，都扮演着至关重要的边界条件的角色；地位合法性可以通过理性规则的创建和解释、知识优势的体现和凸显，低地位群体及其业务的开拓和发展，股权及决策权优势的塑造和强化来确立。本书研究深化和延伸了并购中人力资源整合尤其是离职问题的研究，为并购企业以及其他相关组织管理者的工作重心的投放和整合策略的制定提供了理论指导。

本书适合高等院校相关科研和教学人员以及企业和政府相关管理人员阅读。

图书在版编目（CIP）数据

并购整合中相对地位与相对剥夺影响离职意愿研究 / 颜士梅著. —北京：科学出版社，2022.8

ISBN 978-7-03-073002-2

Ⅰ. ①并…　Ⅱ. ①颜…　Ⅲ. ①企业兼并 – 影响 – 企业管理 – 人事管理 – 研究　Ⅳ. ①F272.921

中国版本图书馆 CIP 数据核字（2022）第 157481 号

责任编辑：陈会迎/ 责任校对：张亚丹

责任印制：张　伟/ 封面设计：有道设计

科学出版社 出版

北京东黄城根北街 16 号

邮政编码：100717

http://www.sciencep.com

北京凌奇印刷有限责任公司 印刷

科学出版社发行　各地新华书店经销

*

2022 年 8 月第　一　版　开本：720 × 1000　1/16

2022 年12月第二次印刷　印张：10 3/4

字数：213 000

定价：108.00 元

（如有印装质量问题，我社负责调换）

目　　录

第1章 绪　　论

本章首先分析本书研究的现实背景和文献背景；其次基于背景分析，明确本书的关键研究问题；再次陈述本书的总体研究思路和主要研究方法；最后概括本书的研究框架和核心内容。

1.1 并购中离职问题研究背景

随着技术的发展以及全球化速度的加快，企业之间的竞争愈加激烈。很多企业为了快速发展并获取竞争优势，经常会采用并购的方式。并购是指两个及以上独立公司的合并，或者一个公司获得另一个公司多数所有权的收购（Hagedoorn and Duysters，2002）。就全球而言，尽管2020~2021年新冠肺炎疫情横扫五大洲，但并购活动仍如火如荼。截至2021年12月中旬，全球并购交易规模达到5.63万亿美元，首次超过5万亿美元（该数据来源于2021年12月20日智通财经网）。就中国而言，企业并购交易的数量和金额在迅速增长，在2000年，其分别为237件、116亿元；到2018年，则分别提升为11 222件、24 592亿元（韩晓亮等，2021）。2020年的中国并购交易金额高达7 338亿美元，是2016年以来的最高水平（该数据来自大众网2021年1月28日海报新闻）；而2021年上半年中国的并购交易数量达到6 177件，比2020年下半年增长11%，半年交易量创历史新高（该数据来自2021年12月21日华经情报网）。然而，并购失败率却非常高，一般一半左右的并购无法获取成功（Coccorese and Ferri，2020），2016年，全球有50%以上的并购以失败而告终[①]，70%~90%的并购无法为股东创造价值

---

① 数据来源：走出去智库CGGT. 跨文化因素导致并购失败的案例分析及管理策略. https://www.sohu.com/a/155058469_610982,2017-07-06.

（Christensen et al.，2011；Dao and Bauer，2021）。德勤全球并购数据分析结果表明，53%的并购失败是并购后的整合不成功导致的，其他 47%的并购失败则是并购前的操作不力或者交易谈判不力而引致的①。60%~80%的跨国并购企业的整合都走向失败（Ataullah et al.，2014；陈小梅等，2021）。可见，尽管并购是企业获得发展和成功的关键手段，但其却具有较高的失败率，并且，并购整合的失败是并购失败的重要原因。

鉴于此，以往很多研究者聚焦在并购整合问题的分析上，具体从财务管理、战略管理及人力资源管理等不同角度进行探索（Dao and Bauer，2021；Haspeslagh and Jemison，1991）。从 20 世纪 70 年代前后开始，越来越多的研究者关注并购中的人力资源整合问题，强调以往并购相关研究过多集中在财务等"硬"（hard）问题上，而忽略了"人"等的"软"（soft）问题，并认为"人"的问题是关系到并购成败的关键问题（Cartwright and Cooper，1993；Kitching，1967；Levinson，1970；Schweiger and Weber，1989；Weber and Fried，2011；王重鸣，2021；颜士梅和王重鸣，2006a）。并购之后的整合具体是指促使后并购组织成为一个功能性整体所进行的文化、结构、体制和功能性活动安排上的变革；整合水平则指该变革的程度（Pablo，1994）。人力资源整合则是指后并购组织在人力资源方面所进行的变革，具体包括人员整合和人力资源管理实践的整合（颜士梅和王重鸣，2006b，2007）。

概览以往人力资源整合方面的研究，可以发现，首先，就人力资源实践整合而言，聚焦在人力资源整合水平、文化互渗方式和人力资源整合策略上。例如，颜士梅和王重鸣（2005，2006a，2006b，2007）关于并购双方文化相容性与势力差距程度通过影响人力资源整合风险知觉进而影响人力资源整合水平的模型构建和验证以及人力资源整合模式和人力资源整合风险控制策略的分析，以及陈丽哲（2018）关于上向信任通过影响后并购组织认同进而影响人力资源整合水平的研究，都分别从并购双方关系视角和上下级关系视角探索了并购中人力资源整合水平的前因机制；Weber 和 Schweiger（1992）、Weber（1996）、Larsson 和 Finkelstein（1999）、Bijlsma-Frankema（2001）、Cartwright 和 Cooper（1995）则强调或者分析了文化差异和文化相容性对后并购整合的影响；Nahavandi 和 Malekzadeh（1988）、Elsass 和 Veiga（1994）探讨了并购中文化互渗的融合（integration）、

① 数据来源：走出去智库 CGGT. 跨文化因素导致并购失败的案例分析及管理策略. https://www.sohu.com/a/155058469_610982,2017-07-06.

同化（assimilation）、分离（separation）和瓦解（deculturation）模式及其对有效整合的影响；Buono 和 Bowditch（1989）、Dempsey 和 Mckevitt（2001）、Daniel（1999）、Devoge 和 Shiraki（2000）、颜士梅和张钢（2015）则分析了人力资源整合的计划、沟通、留任及整合过程等具体策略。该类研究聚焦在组织层面上。

其次，就人员整合而言，其是近年来并购研究者特别关注的方向，现有文献聚焦在并购中员工的消极心理反应、认同与身份、信任和离职等具体问题的分析上。Marks（1988）、Ivancevich 等（1987）、Schweiger 和 DeNisi（1987，1991）、Seo 和 Hill（2005）、颜士梅（2012）强调并购是一种极其不稳定的变革，会产生大量的不确定性，进而导致不利于并购双方人员整合的焦虑和压力感等消极心理反应。Fery 等（1969）、Haunschild 等（1994）、Terry 和 O'Brien（2001）、Seo 和 Hill（2005）、Giessner 等（2016）、Yan 等（2016）、Sarala 等（2019）、颜士梅和张钢（2020）、Steigenberger 和 Mirc（2020）强调或者分析了并购中新身份的构建以及对新组织的认同的重要性及其相关影响因素和可能结果。Napier（1989）、Marks 和 Mirvis（1985，1998）、Bijlsma-Frankema（2004）、Searle 和 Ball（2004）、Maguire 和 Phillips（2008）、Graebner（2009）、Yan 和 Zhu（2013）、颜士梅等（2018）则探究了并购中信任对整合的关键作用，进一步分析了并购中组织内的人际信任、制度信任和并购双方之间的组织信任及其前因。关于并购中离职问题，由于其在并购实践中的突出性和重要性，自 1980 年以来一直备受研究者的青睐（颜士梅，2011）。以往研究主要包括两个方面：第一，并购中离职问题的发现与确认。Jensen 和 Meckling（1976）、Fama（1980）、Walsh（1988，1989）、Schweiger 和 Weber（1989）、Napier（1989）主要指出或者明确了并购导致离职问题产生的普遍性及其对整合的负面影响。第二，并购中离职意愿或者行为的原因分析。现有文献主要从三个思路对并购中离职意愿或者行为产生的原因进行了研究：一是文化差异思路。Cartwright 和 Cooper（1993，1995）、Krug 和 Nigh（1998）、Lubatkin 等（1999）、Ahammad 等（2016）都分析了并购双方的文化差异对管理者或者员工离职的正向影响。二是高层梯队观点（upper echelons perspective，UEP）。以往基于高层梯队观点的研究者，尽管在被并购企业管理者的组织任期与其离职意愿或者行为存在正向还是负向关系上得出的结论不同，但却一致认为被并购企业管理者的组织任期是其离职的一个重要影响因素（Kiessling et al.，2008；Krug，2003）。三是群体关系思路。该思路将并购双方视为两个不同的群体，并认为员工感知到的群体之间的地位或者总体状况的比较结果会影响其离职意愿或者行为。该思路主要基于相对地位理论（relative standing theory）和相对剥夺理论（relative deprivation theory）。Hambrick 和 Cannella（1993）首次将相对地位理论引入并购中员工离职原因的研究中，现有基于该理论的分析发现被并购企业管理者或者员工感知到的群体相对地位负向影响其离职意愿或者行为（Ahammad et al.，2012；Hambrick and Cannella，1993；Ranft and Lord，2000；Bilgili et al.，2017；郭文臣和肖洪钧，2011；颜士梅等，2013）。相对剥夺理论则是在 2010 年之后被引入并购中员工离职原因的分析中的。现有研究发现，个体相对剥夺能够正向预测员工的离职意愿；群体相对剥夺也能够促进身份凸显性（identity salience）的转化，并进而影响离职意愿（Cho et al.，2014；Lee et al.，2013；颜士梅和张钢，2020）。

由上可见，在并购中人力资源整合领域，近年来，研究者越来越关心人员整合中的具体问题。在这些具体问题中，离职原因问题尤其被聚焦。就并购中离职原因的研究而言，由于后并购组织是由并购双方群体构成的，并且并购双方群体的关系通常是竞争性的，有时甚至会充满敌意（Hirsch，1986；Hogg and Terry，2000），故群体关系思路自 1990 年以来一直备受研究者的关注。然而，该思路下基于相对地位理论和相对剥夺理论的研究，目前还处在初始阶段，尚欠缺对并购中相对地位影响离职意愿或者行为的边界条件和内在机制的深入探索，也缺乏对并购中相对剥夺对离职意愿或者行为影响机制的揭示；另外，目前研究仅仅单独讨论了并购中相对地位和相对剥夺分别对离职意愿或者行为的可能影响，而没有探讨并购中相对地位与相对剥夺的关系以及其一同对离职意愿或者行为的可能影响。鉴于此，本书尝试在以往研究结论的基础上，深入分析并购整合中相对地位与相对剥夺分别和一同对离职意愿的影响机制。概括本书研究嵌入以往研究的路径具体如图 1.1 所示。

1.2　关键研究问题

本书研究聚焦并购整合中的离职问题，主要针对被并购企业人员，基于强调群体关系与群体过程的社会身份理论（social identity theory）以及相对地位理论和相对剥夺理论，分析相对地位和相对剥夺对离职意愿的影响机制。具体探究并购整合中相对地位影响离职意愿的关键边界条件，相对剥夺在离职意愿产生中的关键作用，相对地位与相对剥夺的关系，相对地位与相对剥夺一同影响离职意愿的机制，以及地位合法性确立的具体策略。通过这些研究尝试回答如下问题。

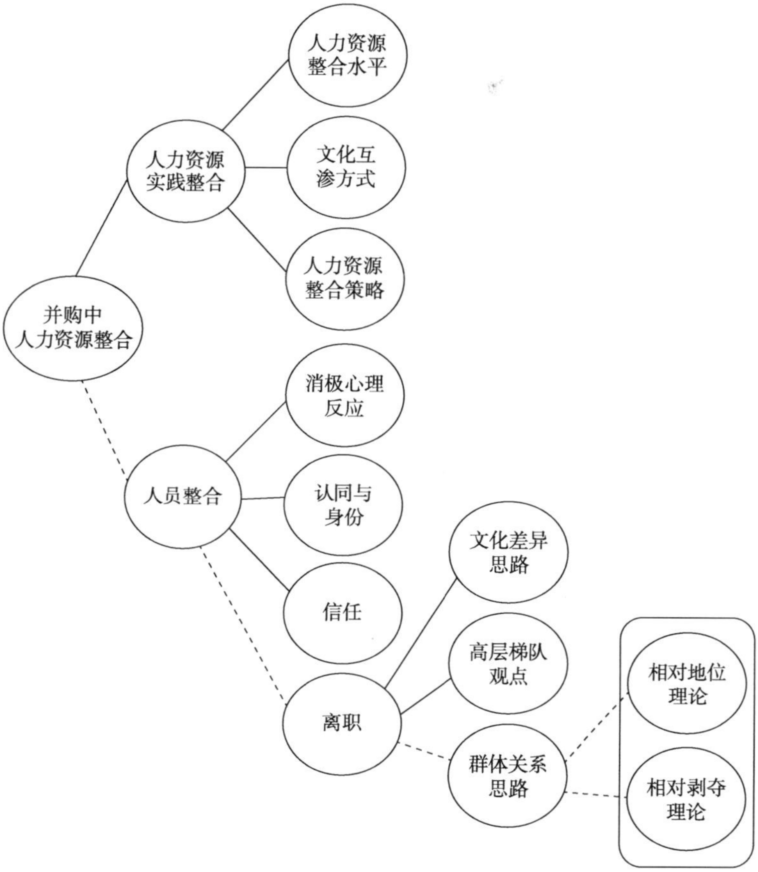

图 1.1 本书研究嵌入以往研究的路径

图中的方框内容是本书研究问题的立足点；图中的虚线路径表征了本书研究嵌入现有并购中人力资源整合研究领域的路径

（1）在并购整合中，相对地位影响离职意愿存在边界条件吗？如果存在，是什么？

（2）在并购整合中，相对剥夺对离职意愿会产生怎样的影响？

（3）在并购整合中，相对地位与相对剥夺存在怎样的关系？

（4）相对地位与相对剥夺能够一同影响离职意愿吗？在相对地位与相对剥夺影响离职意愿的关系中，存在其他关键影响变量吗？如果存在，是什么？

通过对上述问题的回答进而能够明确，在群体相对地位影响离职意愿以及通过影响群体相对剥夺进而影响离职意愿的过程中，地位合法性都扮演着至关重要的角色。

1.3 总体分析思路和研究方法

1.3.1 本书的总体分析思路

本书研究沿着“理论基础—相对地位与相对剥夺分别对离职意愿的影响—相对地位与相对剥夺的关系—相对地位与相对剥夺一同对离职意愿的影响—关键因素的明确”这一思路进行。具体而言，第一，明确本书研究所基于的三个理论的内涵，即社会身份理论、相对地位理论和相对剥夺理论的内涵及其区别与联系；概括沿着每个理论思路的并购中员工离职问题的相关研究结论。第二，分析并购整合中相对地位影响离职意愿的关键边界条件，即地位合法性扮演着关键调节者角色。第三，分析在并购整合中相对剥夺在身份凸显性转化以及对离职意愿影响中的关键催化作用。第四，分析在并购整合中，在低地位合法性条件下，群体相对地位对群体相对剥夺的负向影响作用。第五，阐述并购整合中群体相对地位与群体相对剥夺一同影响离职意愿的理论模型。第六，探究并购整合中地位合法性的确立策略。总之，本书研究沿着“分别”和“一同”先后两条线路，逐步揭示并购整合中地位合法性在相对地位与相对剥夺影响离职意愿中所扮演的敏感而又关键的角色。

1.3.2 本书的主要研究方法

本书研究主要运用的方法为文献分析法和案例分析法。

本书为了将所聚焦的研究问题谨慎地建立在以往研究基础上，主要运用质性文献分析法评述以往研究的进展和不足之处，进而明确本书研究嵌入现有文献的立足点。具体而言，本书针对分析主题相关的以往文献，对其所涉及的研究理论、研究方法和研究结论进行质性的梳理、分析和总结，进而发现以往研究的路径及其缺口，为本书对应研究问题的深入分析奠定坚实的理论和文献基础。

本书的研究问题有些是探索已有变量间关系的未知的边界条件，有些是探索变量之间的新关系，有些则是尝试揭示新的内在影响机制，因此适合先基于拥有丰富而翔实资料的案例材料，尤其与以往研究存在不一致的离群案例，进行细致而深入的探究（Berg，2001；Eisenhardt，1989；Yin，2003；毛基业和李晓燕，2010）。鉴于此，本书主要运用案例分析法进行研究。为了尽量提高研究的外部效度，本书所运用的案例分析法皆为多案例分析法（毛基业和张霞，2008），即针对本书作者调研所获得的多个第一手并购整合案例资料进行分析，进而获得相关研究结论。就案例分析的思路而言，本书根据研究问题和内容的需要，既运用归纳思路的多案例分析，也使用演绎思路的多案例分析，有时还会将归纳和演绎两个思路相结合深入分析相关问题。

总之，本书主要基于案例分析法，探讨并购整合中相对地位与相对剥夺分别以及一同对离职意愿的影响，并逐步揭示在该影响过程中的相关关键变量。概括本书的研究思路和方法，形成如图1.2所示的技术路线。

1.4 基本研究框架和核心内容

本书基于“研究问题—理论基础—相对地位影响离职意愿—相对剥夺影响离职意愿—相对地位影响相对剥夺—相对地位与相对剥夺影响离职意愿—地位合法性确立—总结与展望”这样的框架体系，通过八章内容，系统分析了并购整合中相对地位与相对剥夺对离职意愿的影响机制。每章内容具体如下。

第1章，绪论。该章提出研究问题，并明确其嵌入以往研究的路径；该章还陈述了本书研究的总体分析思路和方法以及基本研究框架和核心内容。

第2章，理论基础及相关研究。该章围绕本书研究所基于的三个核心理论，即社会身份理论、相对地位理论和相对剥夺理论展开分析，首先，阐述了三个理论及其所涉及的关键概念的内涵；其次，分析了三个理论的区别和内在联系；最后，总结以往基于这三个理论的并购整合中离职（意愿）问题的相关研究，明确了以往研究进展和不足之处，为本书后续研究奠定了扎实理论基础。

第3章，并购整合中相对地位影响离职意愿吗？地位合法性的关键作用。该章基于社会身份理论和相对地位理论，运用扎根理论的分析思路，进行了多案例研究。通过分析，揭示了并购整合中群体相对地位影响离职意愿的关键边界条件，即地位合法性。

第4章，并购整合中身份凸显性转化以及对离职意愿的影响：相对剥夺的重要作用。该章基于社会身份理论和身份理论，具体分析了并购整合中身份凸显性

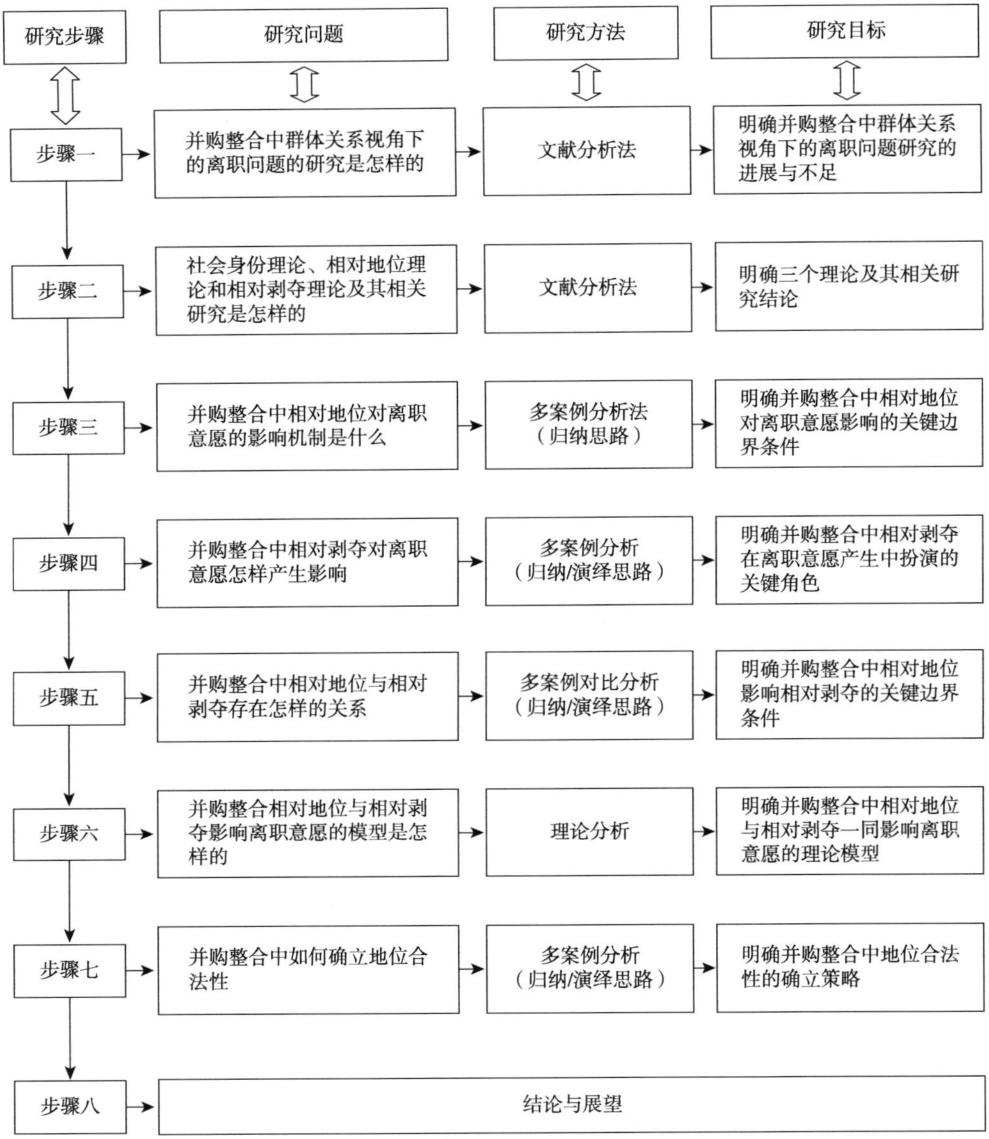

图 1.2　本书研究的技术路线

及其转化以及对离职意愿的影响，通过分析发现了相对剥夺在其中所扮演的关键催化者的角色，进而初步明确了相对剥夺对离职意愿的重要影响。

第 5 章，并购整合中相对地位与相对剥夺的关系：地位合法性的敏感作用。该章通过四个案例的两两比较进行分析，揭示了并购整合中相对地位与相对剥夺之间的影响关系，并发现在相对地位影响相对剥夺的关系中，地位合法性发挥敏感而关键的调节作用。

第 6 章，并购整合中群体相对地位与群体相对剥夺影响离职意愿的理论模型。该章基于社会身份理论、相对地位理论和相对剥夺理论，结合上述几章的分析结论，系统概括了并购整合中群体相对地位与群体相对剥夺影响离职意愿的理论模型，进而明确了形成该理论模型的三个关键影响因素，即整合水平、地位合法性及积极身份寻求成本。

第 7 章，并购整合中地位合法性的确立策略。鉴于前面的分析充分表明地位合法性在相对地位与相对剥夺影响离职意愿中的关键作用，该章进一步基于地位合法性的以往研究结论，针对本书前面章节所涉及的十个并购整合案例进行了分析，初步明确了并购整合中地位合法性的确立策略，即有效整合策略（公平、渐进、人性化）的创建和推行、知识优势的体现和凸显、低地位群体及其业务的开拓和发展，以及股权及决策权优势的塑造和强化。

第 8 章，结论与展望。该章系统概括本书的研究结论及其理论和实践意义，并明确本书研究的不足和未来有待进一步探讨的问题。

本书的研究框架具体如图 1.3 所示。

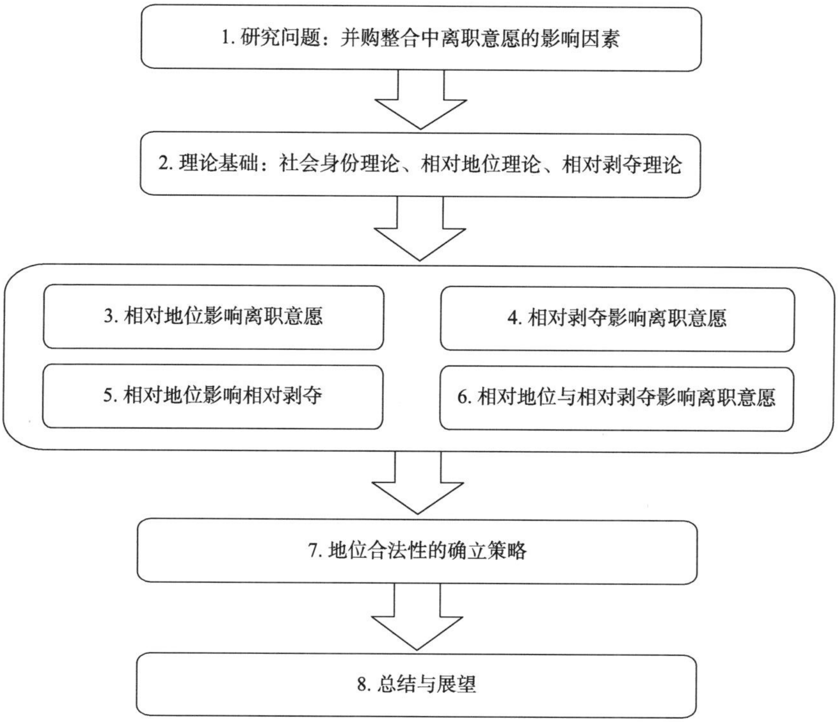

图 1.3　本书的研究框架

参 考 文 献

陈丽哲. 2018. 并购情境中上向信任的前因及对人力资源整合的影响研究——基于社会身份理论. 浙江大学博士学位论文.

陈小梅，吴小节，汪秀琼，等. 2021. 中国企业逆向跨国并购整合过程的质性元分析研究. 管理世界，(11)：159-183.

郭文臣，肖洪钧. 2011. 被并购企业高管团队成员集体离职的影响因素探究——基于嘉宝公司的案例分析. 管理案例研究与评论，4(5)：352-360.

韩晓亮，崔如鸿，陆凤彬. 2021. 企业并购对我国宏观经济影响的面板数据分析. 系统工程理论与实践，41(11)：2777-2785.

毛基业，李晓燕. 2010. 理论在案例研究中的作用——中国企业管理案例论坛（2009）综述与范文分析. 管理世界，(2)：106-140.

毛基业，张霞. 2008. 案例研究方法的规范性及现状评估——中国企业管理案例论坛（2007）综述. 管理世界，(4)：115-121.

王重鸣. 2021. 管理心理学. 上海：华东师范大学出版社.

颜士梅. 2011. 并购中员工离职原因的理论解读：一个文献综述. 浙江大学学报（人文社会科学版），41(3)：180-189.

颜士梅. 2012. 创业型并购不同阶段的知识员工整合风险及其成因——基于 ASA 模型的多案例分析. 管理世界，(7)：108-188.

颜士梅，陈丽哲，张钢. 2018. 并购情境下领导群体原型典型性与下属上向信任的关系——组织身份凸显性的调节作用. 浙江大学学报（人文社会科学版），48(3)：217-230.

颜士梅，等. 2013. 创业型并购中的知识员工整合风险研究. 北京：科学出版社.

颜士梅，王重鸣. 2005. 并购式内创业中人力资源整合水平的选择：一个实证研究. 管理世界，(9)：107-118.

颜士梅，王重鸣. 2006a. 并购式内创业中的人力资源整合研究. 北京：人民出版社.

颜士梅，王重鸣. 2006b. 并购式内创业中人力资源整合风险的控制策略：案例研究. 管理世界，(6)：119-129，140.

颜士梅，王重鸣. 2007. 并购式内创业中的人力资源整合水平和模式研究. 浙江大学学报（人文社会科学版），(1)：178-189.

颜士梅，张钢. 2015. 从磨合到发展：企业并购中知识员工心理整合的案例研究. 人力资源管理评论，(1)：1-13.
颜士梅，张钢. 2020. 并购整合中身份凸显性转化以及对离职意愿的影响：多案例研究. 管理世界，(8)：110-126.
Ahammad M F，Glaister K W，Weber Y，et al. 2012. Top management retention in cross-border acquisitions：the roles of financial incentives，acquirer's commitment and autonomy. European Journal of International Management，6(4)：458-480.
Ahammad M F，Tarba S Y，Liu Y，et al. 2016. Knowledge transfer and cross-border acquisition performance：the impact of cultural distance and employee retention. International Business Review，25(1)：66-75.
Ataullah A，Le H，Sahota A S. 2014. Employee productivity，employment growth，and the cross-border acquisitions by emerging market firms. Human Resource Management，53(6)：987-1004.
Berg B L. 2001. Qualitative Research Methods for the Social Sciences. 4th ed. Boston：Allyn & Bacon，A Pearson Education Company.
Bijlsma-Frankema K. 2001. On managing cultural integration and cultural change processes in mergers and acquisitions. Journal of European Industrial Training，25：192-207.
Bijlsma-Frankema K. 2004. Dilemmas of managerial control in post-acquisition processes. Journal of Managerial Psychology，19：252-269.
Bilgili T V，Calderon C J，Allen D G，et al. 2017. Gone with the wind：a meta-analytic review of executive turnover，its antecedents，and postacquisition performance. Journal of Management，43(6)：1966-1997.
Buono A F，Bowditch J L. 1989. The Human Side of Mergers and Acquisitions. San Francisco：Jossey-Bass.
Cartwright S，Cooper C L. 1993. The role of culture compatibility in successful organizational marriage. Academy of Management Executive，7(2)：57-70.
Cartwright S，Cooper C L. 1995. Organizational marriage "hard" versus "soft" issues? Personnel Review，24(3)：32-42.
Cho B，Lee D，Kim K. 2014. How does relative deprivation influence employee intention to leave a merged company? The role of organizational identification. Human Resource Management，53(3)：421-443.
Christensen C M，Alton R，Rising C，et al. 2011. The new M&A playbook. Harvard Business Review，89(3)：48-57.
Coccorese P，Ferri G. 2020. Are mergers among cooperative banks worth a dime? Evidence on

efficiency effects of M&As in Italy. Economic Modelling，84：147-164.

Daniel J A. 1999. Between trapezes：the human side of making mergers and acquisitions work. Compensation & Benefits Management，15：19-37.

Dao M A，Bauer F. 2021. Human integration following M&A：synthesizing different M&A research streams. Human Resource Management Review，31：1-19.

Dempsey M，Mckevitt D. 2001. Unison and the people side of mergers. Human Resource Management Journal，11（2）：4-16.

Devoge S，Shiraki J. 2000. People factors：the missing link in merger success. Compensation & Benefits Management，（1）：26-32.

Eisenhardt K M. 1989. Building theories from case study research. The Academy of Management Review，14（4）：532-550.

Elsass P M，Veiga J F. 1994. Acculturation in acquired organizations：a force-field perspective. Human Relations，47（4）：431-448.

Fama E F. 1980. Agency problems and the theory of the firm. Journal of Political Economy，88：288-307.

Fery B J，Loomba P N，Marks L，et al. 1969. The impact of mergers on management theory. The Academy of Management Journal，12（2）：153-167.

Giessner S R，Horton K E，Humborstad S W. 2016. Identity management during organizational mergers：empirical insights and practical advice. Social Issues and Policy Review，10（1）：47-81.

Graebner M E. 2009. Caveat venditor：trust asymmetries in acquisitions of entrepreneurial firms. The Academy of Management Journal，52（3）：435-472.

Hagedoorn J，Duysters G. 2002. External sources of innovative capabilities：the preference for strategic alliances or mergers and acquisitions. Journal of Management Studies，39（2）：167-188.

Hambrick D C，Cannella A A，Jr. 1993. Relative standing：a framework for understanding departures of acquired executives. The Academy of Management Journal，36（4）：733-762.

Haspeslagh P C，Jemison D B. 1991. Managing Acquisitions：Creating Value Through Corporate Renewal. New York：Free Press.

Haunschild P，Moreland R，Murrell A. 1994. Sources of resistance to mergers between groups. Journal of Applied Social Psychology，24：1150-1178.

Hirsch P M. 1986. From ambushes to golden parachutes：corporate takeovers as an instance of cultural framing and institutional integration. The American Journal of Sociology，91（4）：800-837.

Hogg M A, Terry D J. 2000. Social identity and self-categorization processes in organizational contexts. The Academy of Management Review, 25 (1): 121-140.

Ivancevich J M, Schweiger D M, Power F R. 1987. Strategies for managing human resources during mergers and acquisitions. Human Resource Planning, 10: 19-35.

Jensen M C, Meckling W H. 1976. Theory of the firm: managerial behavior, agency costs, and ownership structure. Journal of Financial Economics, 3: 305-360.

Kiessling T, Harvey M, Heames J T. 2008. Acquisition issues: operational changes to the acquired firm's top management team and subsequent organizational performance. Journal of Leadership& Organizational Studies, 14 (4): 287-302.

Kitching J. 1967. Why do mergers miscarry? Harvard Business Review, 45 (6): 84-101.

Krug J A. 2003. Executive turnover in acquired firms: an analysis of resource-based theory and the upper echelons perspective. Journal of Management and Governance, 7: 117-143.

Krug J A, Nigh D. 1998. Top management departures in cross-border acquisitions: governance issues in an international context. Journal of International Management, 4: 267-287.

Larsson R, Finkelstein S. 1999. Integrating strategic, organizational, and human resource perspectives on mergers and acquisitions: a case study of synergy realization. Organization Science, 10: 1-26.

Lee D, Kim K, Kim T G, et al. 2013. How and when organizational integration efforts matter in South Korea: a psychological process perspective on the post-merger integration. The International Journal of Human Resource Management, 24 (5): 944-965.

Levinson H. 1970. A psychologist diagnoses merger failures. Harvard Business Review, 48: 139-147.

Lubatkin M, Schweizer D, Weber Y. 1999. Top management turnover in related M&As: an additional test of the theory of relative standing. Journal of Management, 25 (1): 55-74.

Maguire S, Phillips N. 2008. "Citibankers" at citigroup: a study of the loss of institutional trust after a merger. Journal of Management Studies, 45 (2): 372-401.

Marks M L. 1988. The merger syndrome: the human side of corporate combination. The Weekly Corportate Growth Report, (January-February): 18-23.

Marks M L, Mirvis P. 1985. Merger syndrome: stress and uncertainty. Mergers and Acquisitions, 20 (2): 50-55.

Marks M L, Mirvis P H. 1998. Joining Forces: Making One Plus One Equal Three in Mergers, Acquisitions and Alliances. San Francisco: Jossey-Bass.

Nahavandi A, Malekzadeh A. 1988. Acculturation in mergers and acquisitions. The Academy of

Management Review，13：79-90.

Napier N K. 1989. Mergers and acquisitions，human resources issues and outcomes：a review and suggested typology. Journal of Management Studies，26：271-289.

Pablo A L. 1994. Determinants of acquisition integration level：a decision-making perspective. The Academy of Management Journal，37（4）：803-836.

Ranft A L，Lord M D. 2000. Acquiring new knowledge：the role of retaining human capital in acquisitions of high-tech firms. The Journal of High Technology Management Research，11（2）：295-319.

Sarala R M，Vaara E，Junni P. 2019. Beyond merger syndrome and cultural differences：new avenues for research on the "human side" of global mergers and acquisitions（M&As）. Journal of World Business，54（4）：307-321.

Schweiger D M，DeNisi A S. 1987. The effect of a realistic merger preview on employees：a longitudinal field experiment. National Academy of Management Meeting，New Orleans.

Schweiger D M，DeNisi A S. 1991. Communication with employees following a merger：a longitudinal field experiment. The Academy of Management Journal，34（1）：110-135.

Schweiger D M，Weber Y. 1989. Strategies for managing human resources during mergers and acquisitions：an empirical investigation. Human Resource Planning，12（2）：69-96.

Searle R H，Ball K S. 2004. The development of trust and distrust in a merger. Journal of Managerial Psychology，19：708-721.

Seo M G，Hill N S. 2005. Understanding the human side of merger and acquisition：an integrative framework. The Journal of Applied Behavioral Science，41（4）：422-443.

Steigenberger N，Mirc N. 2020. Should I stay or should I go? Multi-focus identification and employee retention in post-acquisition integration. Human Relations，73（7）：981-1009.

Terry D J，O'Brien A T. 2001. Status，legitimacy，and ingroup bias in the context of an organizational merger. Group Processes and Intergroup Relations，4：271-289.

Walsh J P. 1988. Top management turnover following mergers and acquisitions. Strategic Management Journal，9：173-183.

Walsh J P. 1989. Doing a deal：merger and acquisition negotiations and their impact upon target company top management turnover. Strategic Management Journal，10：307-322.

Weber Y. 1996. Corporate cultural fit and performance in mergers and acquisitions. Human Relations，49（9）：1181-1202.

Weber Y，Fried Y. 2011. Guest editors' note：the dynamic of employees' reactions during postmerger integration process. Human Resource Management，50（6）：777-781.

Weber Y，Schweiger D M. 1992. Top management culture conflict in mergers and acquisitions：a lesson from anthropology. The International Journal of Conflict Management，3：1-17.

Yan S M，Wu S，Zhang G. 2016. Impact of connective leadership on employee goal commitment during M&A integration. Leadership & Organization Development Journal，37（6）：789-801.

Yan S M，Zhu Y. 2013. Impact of psychological contract violation on interpersonal trust during mergers and acquisitions. Social Behavior and Personality，41（3）：487-496.

Yin R K. 2003. Case Study Research：Design and Methods. 3rd ed. Thousand Oaks：Sage.

第 2 章 理论基础及相关研究

本书主要基于社会身份理论、相对地位理论和相对剥夺理论进行研究，因此，本章首先对这三个理论分别进行梳理和分析；其次对这三个理论进行对比分析，旨在明确其区别和内在联系；最后阐述这三个理论运用于并购离职问题研究的原因及概况。该分析能够为后续研究视角的切入以及相关研究问题的具体分析奠定坚实理论基础。

2.1 社会身份理论

人们可以从“一致和稳定”的视角观察和分析一个社会或者组织的发展，也可以从“差异和冲突”的视角审视和阐述某个社会或者组织的发展。社会身份理论属于后者，其强调人们从社会类别角度知觉社会和组织，而所知觉到的社会类别中的成员身份能够促成人们的自我界定，进而形成构成人们群体行为基础的社会身份（Ashforth and Mael，1989；Hogg and Terry，2000；Stets and Burke，2000；Tajfel，1974；Tajfel and Turner，1979；Turner et al.，1987）。正是由此，很多研究者将社会身份理论概括为聚焦群体过程以及群体关系的理论（Hogg et al.，1995；Stets and Burke，2000），这一概括突出了存在差异的不同群体的形成和存在，以及基于差异的不同群体之间可能存在的关系。

社会身份理论的发展包含两个阶段，即早期的 Tajfel 社会身份理论阶段和之后的自我分类理论（self-categorization theory）阶段。

2.1.1 Tajfel 社会身份理论

早期的社会身份理论有时也被称为 Tajfel 社会身份理论（Bettencourt

et al.，2001；李春和宫秀丽，2006），是以 Tajfel 为代表的学者基于一些实验和相关研究结果而在 20 世纪 60~70 年代提出和集中阐述的(Bettencourt et al.，2001；Hogg and Terry，2000；Tajfel，1974；Tajfel and Turner，1979；张莹瑞和佐斌，2006）。该阶段的社会身份理论，首先强调人们不但基于他们自己的特征和人际关系界定他们自己，即形成自己的个体身份，而且基于他们所属群体的特征来界定自己，即形成自己的社会身份；其次明确界定了社会身份；最后分析了人们社会身份形成的过程以及低群体地位的群体成员寻求积极社会身份的策略。

具体而言，该理论认为社会是类别化的，即社会环境被分为不同的类别或者群体。人们的自我概念部分来自他们所属的类别或者群体，即形成个体的社会身份。社会身份是指个体关于其属于特定群体以及作为该群体成员的情感和价值重要性的知识(Hogg and Terry, 2000; Tajfel, 1974)。社会身份是基于社会比较(social comparison)，即对比自己所属的内群体与自己所属以外的参照群体进而产生内群体偏见（ in-group bias ）而被界定的。内群体偏见指个体在对内群体及其相关外群体评价上的有区别的偏好（ Bettencourt et al.，2001 ）。一般而言，社会比较导致积极内群体偏见，即人们更积极评价和偏袒内群体，并更消极评价和歧视外群体（ Brown，2000；Tajfel，1974 ）。人们之所以如此，是因为被积极社会身份需要（ a need for positive social identity ）驱动，而积极社会身份本质上能够提升人们的自尊（ self-esteem ）。由此可见，自尊需要激励人们去积极评价相对于其他群体的他们自己所属的社会群体（ Bettencourt et al.，2001；Hogg and Terry，2000；Tajfel，1974 ）。

该理论还进一步强调，当社会比较导致消极的内群体偏见时，人们容易进行社会身份的变革。具体而言，人们在自尊需要驱动下，具有低群体地位的群体成员将被激励去采取如下三个策略来获得更积极的社会身份：一是个体向上流动策略（ the strategy of individual upward mobility ），即个体通过获得更高地位群体的成员身份来努力提升自身社会身份的积极性。二是社会创造（ social creativity ），指具体通过改变所确定的群体间对比的维度而提升自身社会身份的积极性。在执行该策略时，低地位群体及其成员会在有利于其群体地位提升的新维度上与高地位群体及其成员进行对比。三是群体竞争策略（ the strategy of intergroup competition ），指通过与高地位外群体直接竞争的方式而获得积极的群体身份（ Bettencourt et al.，2001；Tajfel，1981；Tajfel and Turner，1979 ）。这三个策略的选择和执行会受到群体的地位合法性（ the legitimacy of status ）、边界可渗透性（ the permeability of boundaries）和地位稳定性（the stability of status）的影响（Bettencourt et al.，2001；Ellemers et al.，1990；Tajfel and Turner，1979）。

2.1.2 自我分类理论

自我分类理论也被称为社会身份理论的自我分类部分，是在 20 世纪 80 年代中晚期，Turner 及其同事在早期 Tajfel 社会身份理论的基础上提出和逐渐形成的，是社会身份理论的发展和延伸部分（Hogg and Terry，2000；李春和宫秀丽，2006）。自我分类理论聚焦社会身份及其效应的社会认知过程，具体阐述了社会分类怎样产生了自我及其他人的基于原型的去人格化并进而产生了社会身份现象（Hogg and Terry，2000；Hogg et al.，1995）。

自我分类理论具体说明了社会分类的运行过程，该过程被视为群体行为的认知基础。自我分类理论强调自我与其他人进入内群体或者外群体的社会分类实质上是个体将自我同化到群体原型中，进而去人格化的过程（Hogg and Terry，2000；Hogg et al.，1995；Turner et al.，1987）。该过程会产生积极或者消极的群体态度和行为。群体原型具体是指能够刻画群体特征并使其与其他群体区别开来的所有属性，包括信仰、态度、情感和行为等；其通常为能够最好体现群体成员特征的典型成员或者能够最佳体现群体特征的理想类型的表现方式（Hogg and Terry，2000）。由此可见，群体原型能够捕捉情境依赖的群体成员特征，能够最大化群体内相似性，进而使得一个群体独具特征并与其他群体相区别。去人格化是自我分类理论的一个关键概念，也是社会分类过程的核心，描述了自我概念的变革或者转化，具体是指将自我视为群体原型的体现而非独特的个体的现象，即个体对群体的认同强于对个体自我的认同的现象（Hogg and Terry，2000；Stets and Burke，2000；李春和宫秀丽，2006）。

自我分类理论还强调人们通过自我概念的转化将自我同化到一个群体原型中从而获得社会身份，进而减少了不确定性。因此，不确定性减少需要（the need for uncertainty reduction）是社会身份形成过程的内在驱动力（Hogg and Terry，2000；Stets and Burke，2000）。另外，自我分类理论还用身份凸显性表征和强调人们社会身份的高度动态性（Hogg and Terry，2000；Oakes and Turner，1990；Stets and Burke，2000）。身份凸显性具体指个体的某一种身份在某一情境下的激活（Oakes，1987；Stets and Burke，2000）。该理论认为人们会拥有多个社会身份，并以不同层次存在于人们的认知中（Turner et al.，1987）。当个体储存的某类别的特征与情境相匹配时，基于该类别的社会身份将被激活（Hogg et al.，1995；Hogg and Terry，2000；Stets and Burke，2000）。

2.1.3　两阶段理论对比

1. 一致性

对比分析社会身份理论发展的两个阶段，能够发现其内在的一致性和连接性。首先，Tajfel 社会身份理论和自我分类理论都在阐述人们的社会身份通过社会分类和社会比较而形成的过程，并且都强调了其是基于“自我归类—群体比较—意义获取”的形成过程，进而对人们的社会身份的寻求和产生给出了有说服力的解释。其次，自我分类理论是 Tajfel 社会身份理论的延伸。自我分类理论在 Tajfel 社会身份理论所强调的通过社会分类和社会比较进而定义社会身份的基础上，进一步细化了人们通过归类、比较而形成和维系社会身份的内在过程，即通过与原型相似而归类和比较，通过去人格化而形成和维系社会身份。因此，以往研究者常常将自我分类理论视为社会身份理论的一部分（Hogg and Terry，2000；Stets and Burke，2000；李春和宫秀丽，2006）。

2. 差异性

对比该两阶段理论，能够发现其在分析聚焦点、社会身份寻求动机的解释及身份动态性分析上存在一定的差异。首先，就分析聚焦点而言，Tajfel 社会身份理论聚焦在分类效应及其解释上。该理论认为分类导致比较，进而出现内群体偏见效应，其内在动机是积极身份寻求，本质上则是自尊需求的满足。自我分类理论则聚焦在分类过程机理上。该理论强调个体通过与群体原型的比较而归类，通过去人格化而形成和维系社会身份。其次，就社会身份寻求动机的解释而言，Tajfel 社会身份理论提出自尊假设（the self-esteem hypothesis）（Abrams and Hogg，1988；Hogg and Abrams，1990；Hogg and Terry，2000），而自我分类理论则提出不确定性减少假设（the uncertainty reduction hypothesis）。具体而言，前者认为人们的社会身份寻求和群体间行为是被积极身份或者积极群体间区别驱使，该驱使本质上是被自尊需要激励；后者则认为人们社会身份的寻求是被减少主观不确定性需要激励。该主观不确定性是关于个体知觉、态度、情感、行为、个体自我概念以及在社会中的位置的不确定性，人们通过将自我概念同化到群体原型中而获得社会身份来减少这种主观不确定性（Turner et al.，1987；Hogg and Terry，2000）。最后，就身份动态性分析而言，Tajfel 社会身份理论更强调个体社会身份的纵向动态特征。该理论认为个体会基于自尊需要的驱动而运用特定策略寻求积极社会身份，这使得个体社会身份具有从消极到积极而攀升的纵向动态变化特征。具体而言，如果个体当前基于某群体类别的社会身份较为消极而不能满足其自尊需要，其可能会在群体边界可渗透条件下，采取向上流动策略，进入高地位群体，进而获取积极的社会身份。自我分类理论则更聚焦个体社会身份的横向动态特征，即个体往往同时具有多个社会身份，但是这些社会身份并不一定皆处在被激活的状态，仅有与情境匹配的那个社会身份才会凸显。这表明个体多个社会身份在一个时间段具有可隐含或凸显的动态特征。

总之，社会身份理论包含 Tajfel 社会身份理论和自我分类理论，从个体视角切入，系统阐释了社会身份形成的认知过程，实质上反映了群体过程和群体关系。并购是两个或者两个以上的不同组织整合成为一个新组织的过程（Hagedoorn and Duysters，2002；Hambrick and Cannella，1993），因此，在后并购组织中就存在包含并购方和被并购方的两个或者两个以上的群体，并且并购双方的群体关系通常是竞争性的有时甚至是敌意的（Hirsch，1986；Haspeslagh and Jemison，1991；Hogg and Terry，2000），继而后并购组织也就成为分析群体间关系及其影响的天然场景（Cho et al.，2014；Giessner et al.，2016；Hambrick and Cannella，1993；颜士梅和张钢，2020）。这样，社会身份理论就为并购中员工态度和行为研究提供了颇为契合的分析基础。以往并购中从社会身份理论所强调的群体关系视角而进行的离职问题研究，先后引入两种观点及其对应的两个变量，即相对地位观点和相对地位变量以及相对剥夺观点和相对剥夺变量。这两种观点及其对应变量较为相近，但又存在明显差异，以往文献尚欠缺对其进行辨析。

2.2 相对地位理论

2.2.1 相对地位理论内涵

相对地位理论是由 Frank（1985）发展的。他首先强调了人们来到这个世界上就伴随着一个内在呼唤，即在他们所属的社会层级中尽量获得高职位的驱动；其次强调了相对地位对人们感受和行为方式的强烈影响；再次指出了以往经济学研究缺乏将相对地位纳入相关思考和分析之中；最后从经济学视角结合社会学和心理学的相关研究，分析了相对地位对人们决策和行为的影响以及对组织和市场的影响效应（Frank F，1988；Frank R H，1985）。相对地位指个体相对于在一个公司或者团队等近似社会安排中的其他人的个体地位；相对地位通过进入权力中心，获取头衔或者得到他人的接纳和尊敬，而得以体现（Hambrick and Cannella，1993；Frank，1985；Ranft and Lord，2000）。相对地位强调地位的相对性，而该相对性是个体通过与社区中的邻居、团队中的成员、企业中的同事等近似社会安排中的个体进行比较而形成的（Frank F，1988；Frank R H，1985；Hambrick and Cannella，1993）。相对地位理论还强调在一个组织中，如果个体处在低地位，那么需要获取经济回报加以补偿，进而获得心理平衡，否则会导致不满意或者离职。后续很多研究者用“做大池塘里的小青蛙，还是做小池塘里的大青蛙”来形象地说明相对地位及基于相对地位的理性选择（Hambrick and Cannella，1993；Ozmel and Guler，2015）。由此可见，相对地位是个体感知到的，基于比较而产生的，用于比较的对象则存在于相似的社会安排中，其产生的基础是人们的心理补偿机制（颜士梅，2011）。相对地位理论强调了在相似社会环境中个体感受到的相对于其他成员的社会地位和价值的重要性（Ahammad et al.，2012；Bilgili et al.，2017；Ranft and Lord，2000）。

2.2.2　相对地位理论在并购离职问题研究中的应用

鉴于相对地位理论强调人们容易与近似社会安排中的其他个体的地位进行比较，并且这一比较会对其态度和行为产生影响，而并购之后的新组织就构成了对被并购方群体或者并购方群体中的个体而言的天然近似社会安排，如上所述，并购双方群体关系通常具有竞争性（Hirsch，1986；Hogg and Terry，2000），那么，在该近似社会安排中，并购一方中的个体就更容易将自己的地位与并购另一方中的个体地位进行比较，或者将自己所属群体地位与并购另一方群体地位进行比较，进而影响其离职意向和行为。因此，以往研究自 1990 年就将相对地位理论及其相应变量引入对并购中离职问题的分析之中（Hambrick and Cannella，1993），并且以被并购企业员工或者管理者为研究对象，发现了较为一致的研究结论，即被并购企业员工感知的被并购方相对于并购方的群体相对地位会负向影响其离职行为或者离职意愿（Ahammad et al.，2012；Hambrick and Cannella，1993；Lubatkin et al.，1999；Ranft and Lord，2000；郭文臣和肖洪钧，2011；颜士梅，2012；颜士梅等，2013）。总之，群体相对地位强调了并购双方群体之间的地位关系，被认为是被并购企业人员离职的一个重要影响因素（Buchholtz et al.，2003；Iriyama et al.，2012）。

2.3 相对剥夺理论

2.3.1 相对剥夺理论发展及内涵

相对剥夺理论是由美国社会学家 Stouffer 及其同事在第二次世界大战期间创建的。Stouffer 等（1949）首次使用了相对剥夺这一术语。运用该术语是为了解释他们的一个发现，即那些在客观上情况好转的士兵在主观上的确感到比参照群体的情况更差（Crosby，1976；Pettigrew et al.，2008；Pettigrew，2016；熊猛和叶一舵，2016）。之后，随着 Merton 和 Rossi（1957）关于参照群体行为模型的推进分析，Davis（1959）关于相对剥夺数学模型的开发，Runciman（1966）、Gurr（1970）、Crosby（1976，1982）关于相对剥夺理论模型的进一步阐述，以及 Walker 和 Pettigrew（1984）、Smith 等（2012）、Pettigrew（2015，2016）、Smith 和 Pettigrew（2015）关于基于认知–情感的相对剥夺理论的分析和强调，逐渐形成了今天在社会科学研究中得以广泛运用的相对剥夺理论（Power et al.，2020）。

概括以往研究，可以发现，就相对剥夺理论而言，目前存在五个有影响的模型。

一是 Davis（1959）发展的三因素相对剥夺理论模型。Davis 认为当个体知觉到相似的其他人拥有他渴望的物品或者机会（将该物品或者机会用 X 表征），而他自己却缺少他渴望的 X 时，就会产生不公正的感受，随即产生相对剥夺感。鉴于此，相对剥夺感产生的必要决定因素有三个，即缺少 X 的个体必须知觉到相似的其他人拥有 X、缺少 X 的个体想要 X、缺少 X 的个体感到有权利拥有 X（Crosby，1976；孙灯勇和郭永玉，2016）。

二是 Runciman（1966）的基于四因素的两维度相对剥夺理论模型。Runciman 认为相对剥夺产生必须具备四个要素，即缺少 X 的个体感知到相似的其他人拥有 X、缺少 X 的个体渴望 X、缺少 X 的个体感到有权利拥有 X、个体认为获得 X 是可能的。可见，在 Davis 模型基础上，他添加了最后一个因素，并强调在现实基础上的渴望才能导致相对剥夺感。另外，Runciman 还将相对剥夺概念的内涵进一步细化，即区分了个体相对剥夺（egoistic/individual deprivation）和群体相对剥夺（fraternal/group deprivation），前者是将个体与参照人对比时发生的，后者则是个体将自己的所属群体与其他参照群体对比时发生的（Crosby，1976；Pettigrew et al.，2008；Smith et al.，2012；Smith and Pettigrew，2015）。该个体与群体相对剥夺内涵的区分被视为非常有价值（Pettigrew，2016）。这样，Runciman 使相对剥夺理论成为一个基于四因素的包含个体和群体两维度的模型。

三是 Gurr（1970）的动态相对剥夺理论模型。Gurr 认为相对剥夺是价值期望（value expectations）与价值能力（value capabilities）之差再与价值期望的比值。价值期望是指个体基于与其他相似个体的比较，而想要并感到有权利要 X；价值能力则是指个体拥有或者认为能够拥有 X。他强调价值期望和价值能力是动态变化的。基于这种动态性，他识别了三种相对剥夺模式，即当价值期望提升而价值能力保持不变时的渴望剥夺（aspirations of deprivation）、当价值期望保持不变而价值能力递减时的消减剥夺（decremental deprivation），以及当价值期望提升而价值能力递减时的递进剥夺（progressive deprivation）（Crosby，1976；熊猛和叶一舵，2016）。尽管 Gurr（1970）的分析在很大程度上忽略了相对剥夺本质上是一种个体现象而非社群现象（Pettigrew，2016）；然而其基于价值期望和价值能力动态性的分析，揭示了相对剥夺的纵向动态变化特征，进而使其相对剥夺理论模型独具特色。

四是 Crosby（1976，1982）的五因素模型。Crosby 分析界定了一个人处在相对剥夺状态的必要而充分的先决条件。她认为包括如下五个因素：个体看到他人拥有其期望的 X、个体想要 X、个体感到有权利要 X、个体认为获得 X 是可能的、个体没有因其没有拥有 X 而责备自己。她还强调这五个因素都具备了，那么该个体就会感受到相对剥夺（Sweeney et al.，1990，Walker and Pettigrew，1984）。可见，Crosby 强调相对剥夺的产生是个体感知到的而非个人原因造成的，即无法获得 X 与个人的能力、素质和机会把握等没有关系，个人没有责任。

五是 Pettigrew 的基于四因素的认知–情感相对剥夺理论模型。Walker 和 Pettigrew（1984）、Pettigrew 等（2008）、Smith 等（2012）、Pettigrew（2015，2016）及 Smith 和 Pettigrew（2015）基于对相对剥夺理论及其发展的系统回顾，而明确了认知–情感相对剥夺理论模型。他们认为相对剥夺包含四个递进的因素，即参照对比、不利评价、不公感知和愤怒情感。具体而言，个体必须与参照对象进行比较；比较之后，必须有认知评价，该评价导致个体知觉个体或者其所在的内群体处于不利地位；知觉到不利必须被视为不公平；这种不公平感知进而导致了气愤和愤恨。因此，相对剥夺是个体的一种判断，即与相关参照人或者群体进行比较，某人或者某人的内群体处于不利地位的一种判断；同时，这种判断会唤起愤怒、愤恨或者索要权利资格等情绪（Smith et al.，2012；Pettigrew et al.，2008；Pettigrew，2015，2016）。他们也强调了相对剥夺包括个体相对剥夺和群体相对剥夺。个体相对剥夺是作为一个独特的个体与一个参照个体比较的产物，群体相对剥夺则是个体的内群体与参照群体比较的产物（Smith et al.，2012；Walker and Pettigrew，1984）。由此可见，Pettigrew 的相对剥夺理论不但强调个体和群体两维度的相对剥夺，而且强调既是认知又是情感的相对剥夺。另外，Pettigrew（2016）、Smith 等（2012）还特别强调个体感受的相对剥夺是相对剥夺理论的关键。个体可以通过将自己与内群体其他个体进行对比、将自己所属内群体与其他外群体进行对比、将个体当前与过去或者将来进行对比、将个体所属内群体当前状况与过去或者将来状况进行对比，进而产生相对剥夺感。这意味着无论是个体相对剥夺还是群体相对剥夺，在测量上都要聚焦在个体水平上。

总之，Davis 开拓了关于相对剥夺产生的决定因素的数理探讨；Runciman 在相对剥夺概念的维度细化上做出了非常重要的贡献；Gurr 则独特地聚焦在相对剥夺的动态性及其分类上；Crosby 强调了非个人原因对相对剥夺产生的重要性；而 Pettigrew 等在总结前人研究基础上，给出了基于认知–情感的相对剥夺理论模型的系统阐述，并进一步明确了相对剥夺测量的立足点是个体。目前的相关研究更多是基于该认知–情感相对剥夺理论模型而进行的。该模型的核心假设是相对剥夺不同于绝对剥夺，具有基于比较的主观感知特征（Power et al.，2020），而恰恰是该主观相对剥夺而非绝对剥夺影响着人们的态度和行为（Pettigrew，2016）；相对剥夺本质上是与不利地位判断相连的负面情感（Schreurs et al.，2021；Smith and Pettigrew，2015）。

2.3.2 相对剥夺理论在并购离职问题研究中的应用

相对剥夺包括个体相对剥夺和群体相对剥夺，群体相对剥夺是个体将自己所属群体与参照群体进行比较而产生的不利地位评价，及其由此而导致的不公平感知和愤怒情绪（Smith et al.，2012；Pettigrew，2015，2016）。鉴于并购之后的组织是由两个通常具有竞争关系的并购方和被并购方群体构成的（Haspeslagh and

Jemison，1991；Hogg and Terry，2000），并且，由于并购方在收购上的主动性和股权占比优势，通常天然地处在更有利的地位；那么，被并购方群体中的个体就更容易将自己所属的内群体与并购方这一外群体进行对比；这样，在后并购组织中，成员的群体身份就更容易凸显，更可能产生基于群体比较的相对剥夺感（Ellemers and Bos，1998；Kawakami and Dion，1993，1995）。因此，以往研究者就将相对剥夺理论引入并购中离职问题的研究中。具体而言，Lee 等（2013）、Cho 等（2014）将相对剥夺理论直接引入并购中员工离职意愿的研究中，并且已经实证发现后并购整合努力通过负向影响员工的相对剥夺感进而负向影响其离职意愿，还发现个体相对剥夺通过影响雇员对新并购组织的认同而正向预测雇员离职意愿。

2.4　三个理论之间的区别与联系

社会身份理论、相对地位理论与相对剥夺理论皆被运用于并购离职问题的研究中，那么这三个理论之间存在怎样的区别与联系？在并购情境中可否将其结合运用？这需要分析和回答。

2.4.1　三个理论之间的区别

尽管社会身份理论、相对地位理论和相对剥夺理论都在社会科学领域得以广泛应用，也都直接运用于并购离职问题的研究中，但是它们是相互区别的三个理论。其关键区别具体体现在如下三个方面。

首先，起源存在不同之处。社会身份理论是在 20 世纪 70 年代由英国布里斯托大学教授 Tajfel 从社会心理学视角而提出的（Bettencourt et al.，2001；Hogg and Terry，2000；Tajfel，1974），强调了人们分类的内群体偏见效应及社会身份的形成机理。相对地位理论则是由美国学者 Frank 在 1980 年从经济学视角发展的。该理论旨在将人们无法规避的相对地位及其影响纳入经济学领域的相关分析中（Frank F，1988；Frank R H，1985），强调了相对地位对人们行为和决策的影响及其效应。相对剥夺理论则是在 20 世纪 40 年代末期由 Stouffer 等从社会学视角开始提出的，旨在强调个体或者个体的内群体与参照个体或者群体比较之后而产生的相对剥夺而非绝对剥夺影响着人们的态度和行为（Crosby，1976；Pettigrew，2015，2016；Smith et al.，2012；Smith and Pettigrew，2015；Walker and Pettigrew，1984）。

其次，所强调的核心概念不同。社会身份理论所强调的核心概念是社会身份。该概念反映了人们所属群体的特征是其自我概念的一个重要部分。人们之所以形成社会身份是自尊或者减少不确定性需要驱动的（Hogg and Terry，2000；Tajfel，1974；Turner et al.，1987）。相对地位理论的核心概念是相对地位。该概念反映了个体感知的其与参照个体或者其所属群体与参照群体之间的地位差异，其是个体通过比较而感知到的（Hambrick and Cannella，1993；Frank，1985；Ranft and Lord，2000），但是，该概念不涉及是否公平的判断，也不包含基于公平与否判断而产生的负面情绪。相对剥夺理论的核心概念是相对剥夺。相对剥夺也是个体感知的其与参照个体或者其所属群体与参照群体之间的总体状况的差异，但是，其不但包含总体状况差异的感知，而且包含由差异感知而产生的不公平判断和愤怒情感（Pettigrew，2015，2016；Smith et al.，2012；Walker and Pettigrew，1984）。可见，本质上，社会身份聚焦自我概念，是人们内在身份的一部分，是社会属性内化到个体心中的结果；相对地位体现地位差异，是人们对社会差异进行判断的结果；相对剥夺则表征负面情感，是人们难以接纳社会差异的表现。

最后，所聚焦的关键内涵不同。社会身份理论关注和突出了社会身份的形成过程，该过程即群体形成过程和群体关系的界定过程（Hogg and Terry，2000；Tajfel，1974；Turner et al.，1987）；相对地位理论则突出和关注了相对地位对人们的重要性以及“做大池塘里的小青蛙，还是做小池塘里的大青蛙”的理性决策过程（Hambrick and Cannella，1993；Frank，1985）；相对剥夺理论则聚焦对比而产生的主观剥夺及其对个体和群体态度和行为的巨大影响（Pettigrew，2015，2016；Smith et al.，2012）。

2.4.2 三个理论之间的联系

社会身份理论、相对地位理论和相对剥夺理论尽管有不同的起源、核心概念和关键内涵，但是也存在一定的内在联系。

第一，三个理论都从个体视角切入分析，并皆强调了个体的主观感知特征。社会身份理论强调个体通过社会分类和社会比较来界定和变革自己的社会身份

（Hogg and Terry，2000；Hogg et al.，1995；Tajfel，1974；Turner et al.，1987），该理论尽管涉及群体，但其是个体心中的群体（李春和宫秀丽，2006），因此，其分析视角本质上是从个体进行的。该理论还认为个体的社会比较会产生带有明显主观感知特征的内群体偏见或者积极区分（Tajfel，1974；Turner et al.，1987）。相对地位理论和相对剥夺理论也都强调相对地位和相对剥夺是个体通过比较而主观感知的，即个体通过将自己或者自己所属群体与参照个体或者参照群体进行比较而产生的主观感知，不是客观的绝对地位和绝对剥夺状况（Frank，1985；Hambrick and Cannella，1993；Pettigrew，2015，2016；Smith et al.，2012），因此，它们都强调个体视角及其主观感知。

第二，三个理论都强调了群体及群体关系。尽管社会身份理论、相对地位理论和相对剥夺理论都从个体角度进行分析，但是其都强调个体的主观感知能够反映和表征群体及其关系。社会身份理论通过群体中所有个体的社会身份的形成，即所有个体主动将群体心理化（李春和宫秀丽，2006），能够反映该群体成员一致性，进而能够预测其群体行为；该理论也通过个体基于社会比较而产生的内群体偏见，来表征内群体与外群体之间的敏感或者冲突的关系。相对地位理论也强调个体通过对比其所属群体与参照群体的地位而反映群体之间的地位差异以及内群体地位状况（Hambrick and Cannella，1993；Ranft and Lord，2000），进而反映群体之间基于地位的关系。同样，相对剥夺理论强调可以通过个体感知来反映个体所属群体与参照群体的总体状况差异，并且该理论明确将相对剥夺分为个体相对剥夺和群体相对剥夺（Pettigrew，2015，2016；Smith et al.，2012；Walker and Pettigrew，1984），后者就表征群体之间总体状况的差异以及可能的群体之间的紧张关系。这正如 Walker 和 Pettigrew（1984）所阐述的，相对剥夺理论是解释群体关系（intergroup relations）的有力理论。

第三，三个理论都强调“比较”。“比较”无论是在社会身份理论还是在相对地位理论或者相对剥夺理论中都占据着基础性位置。社会身份理论强调个体比较所属群体与参照群体之后，进而界定或者变革自己的身份（Bettencourt et al.，2001；Hogg and Terry，2000；Tajfel，1974）。可见，社会比较是社会身份形成的基础。相对地位理论强调，在近似社会安排中，个体将与其他个体进行比较或者个体将所属群体与参照群体进行比较，才会产生相对地位（Frank，1985；Hambrick and Cannella，1993）；相对剥夺理论则明确指出个体与参照对象的比较是相对剥夺产生的基础性要素（Pettigrew，2015，2016；Smith et al.，2012；Walker and Pettigrew，1984）。个体将个体或者群体与参照对象进行比较是社会身份理论、相对地位理论和相对剥夺理论所共同强调的，也是所分析的核心概念（即社会身份、相对地位和相对剥夺）产生的前提和基础。

第四，三个理论存在内在衔接之处。尽管社会身份理论、相对地位理论和相对剥夺理论在不同的年代由不同领域的研究者提出和逐步发展，但是其在内在逻辑上存在衔接之处。首先，社会身份理论的自尊假设或者不确定性假设能够解释相对地位和相对剥夺对人们的重要意义以及相关影响。Frank（1985）特别指出基于比较而产生的高相对地位能够增强人们积极的自我影像，也能提升人们的自尊，这样，获得高相对地位的能力就成为个体所拥有的最有价值的资产。可见，人们获得高相对地位是被获得积极身份或者高自尊所驱动。同样，相对剥夺的产生是人们感知积极身份或者自尊无法得到满足时的一种负面情绪。Walker 和 Pettigrew（1984）基于社会身份理论而分析到，当个体在进行社会比较之后感知到个体的不利状况或者消极身份是稳定的且不合法时就会处在相对剥夺状态；Kawakami 和 Dion（1993，1995）也论述到，当人们将他们自己与参照个体或者群体对比之后，发现其个体身份或者社会身份处于非合法状态时，就导致个体相对剥夺或者群体相对剥夺。正是从这一意义上，相对剥夺理论与社会身份理论被认为可以彼此补充（Ellemers and Bos，1998），因为社会身份理论仅分析了个体的社会比较会导致社会身份的界定和变革，而这种关系又受到地位合法性、群体稳定性和群体边界可渗透性的缓冲；但该理论没有进一步分析人们面对不合法并较为稳定的消极社会身份时所产生的情绪状态。同样，相对剥夺理论没有关注比较后可能导致相对剥夺感产生的身份比较及其结果。其次，相对地位理论与相对剥夺理论也存在内在联系。相对地位理论所强调的通过比较之后而产生的相对地位，在一定条件下，会导致相对剥夺理论所强调的相对剥夺。正如 Weber 等（2002）所阐述的，地位合法性低的低内群体相对地位通常是相对剥夺的组成部分。这表明相对地位虽然不会必然但却能够导致相对剥夺，其中的关键条件是地位差异的非合法性。

总之，社会身份理论、相对地位理论和相对剥夺理论具有不同的起源，并强调不同的核心概念和关键内容。但是，却存在一致和内在联结之处，即三个理论皆从个体视角和基于比较进行分析，皆借助个体感知反映群体及其关系，并且社会身份理论能够解释相对地位和相对剥夺的产生及其影响，特定条件下的低相对地位会导致相对剥夺。三个理论都与包含并购双方群体的后并购组织特征契合，都能够很好地应用于并购中员工态度和行为的研究，也都已经不同程度地应用到并购离职问题的研究中。

2.5 本章小结

由上述关于社会身份理论、相对地位理论和相对剥夺理论及其视角下的并购离职问题研究的分析可以发现，首先，社会身份理论强调社会身份与群体关系，这与后并购组织所凸显的并购双方群体关系敏感的特征颇为契合。鉴于此，社会身份理论就能够为后并购组织及其员工的态度和行为提供良好的解释机制。其次，以往并购中离职问题的研究强调了社会身份理论所聚焦的群体关系视角，该视角下的研究包括基于相对地位理论和相对剥夺理论的研究。相对地位理论强调相对地位对人们行为和决策选择的意义；已有并购研究中的相对地位具体指后并购组织中的并购一方相对于并购另一方的地位，现有研究发现其与被并购组织员工离职意愿负相关。相对剥夺理论强调基于比较和不公平感知的主观相对剥夺而不是客观剥夺对人们态度和行为的重要影响。相对剥夺包括个体相对剥夺和群体相对剥夺。现有研究发现并购中个体相对剥夺能够正向预测员工的离职意愿。最后，社会身份理论、相对地位理论和相对剥夺理论存在内在联系和一致之处。尽管这三个理论是由不同领域的不同学者在不同时代提出的三个独立的理论，但其却都是基于个体视角和社会比较而进行分析的，都可以表征群体关系，还存在内在衔接之处。因此，后续并购离职问题的研究可以将这三个理论有机结合起来加以运用。

然而，以往基于上述三个理论的研究也存在不足之处，具体如下：第一，尽管以往文献沿着社会身份理论所强调的群体关系思路进行了并购中离职问题的研究，但是将社会身份理论作为推理的基础理论直接加以运用的并购中离职问题研究，在近些年随着相对剥夺理论的引入才刚刚开始。这样，在并购情境下，基于社会身份理论的离职问题研究还存在很大的可进一步开拓的空间。第二，以往基于相对地位理论的并购离职问题研究虽然明确了并购中员工感知的相对地位负向影响其离职意愿，但是对其内在的影响机制和边界条件尚缺乏进一步的探讨。第三，以往研究在 2013 年才将相对剥夺理论引入并购中离职问题的研究中，对个体相对剥夺、群体相对剥夺是否影响离职意愿以及影响的中介和调节机制还缺乏更加深入的推进分析。第四，以往关于并购中离职问题的研究沿着群体关系思路，仅仅先后分别引入了相对地位理论和相对剥夺理论及其对应变量，而结合这两个理论，对并购情境下相对地位与相对剥夺的关系、相对地位和相对剥夺是否会一同影响离职意愿，相对缺乏进一步的探索。第五，如上所述，结合社会身份理论与相对剥夺理论的并购离职问题研究尚处在初始尝试阶段，将社会身份理论、相对地位理论和相对剥夺理论共同结合起来探讨并购离职问题的研究尚缺乏。

鉴于此，本书研究尝试将社会身份理论、相对地位理论和相对剥夺理论有机结合起来，从群体关系视角，具体分析并购整合中相对地位的内涵和维度，以及相对地位对离职意愿影响的内在机制和边界条件；揭示并购中相对剥夺对离职意愿的影响机制；探索并购中相对地位与相对剥夺的内在联系，以及相对地位与相对剥夺一同影响离职意愿的内在机制；进而深化和延伸并购中离职问题的研究，并能贡献于并购整合和并购中人力资源管理文献。

参 考 文 献

郭文臣，肖洪钧. 2011. 被并购企业高管团队成员集体离职的影响因素探究——基于嘉宝公司的案例分析. 管理案例研究与评论，4（5）：352-360.

李春，宫秀丽. 2006. 自我分类理论概述. 山东师范大学学报（人文社会科学版），51（3）：157-160.

孙灯勇，郭永玉. 2016. 相对剥夺感：想得、应得、怨愤于未得. 心理科学，39（3）：714-719.

熊猛，叶一舵. 2016. 相对剥夺感：概念、测量、影响因素及作用. 心理科学进展，24（3）：438-453.

颜士梅. 2011. 并购中员工离职原因的理论解读：一个文献综述. 浙江大学学报（人文社会科学版），41（3）：180-189.

颜士梅. 2012. 创业型并购不同阶段的知识员工整合风险及其成因——基于 ASA 模型的多案例分析. 管理世界，（7）：108-188.

颜士梅，等. 2013. 创业型并购中的知识员工整合风险研究. 北京：科学出版社.

颜士梅，张钢. 2020. 并购整合中身份凸显性转化以及对离职意愿的影响：多案例研究. 管理世界，（8）：110-126.

张莹瑞，佐斌. 2006. 社会认同理论及其发展. 心理科学进展，14（3）：475-480.

Abrams D，Hogg M A. 1988. Prospects for research in group processes and intergroup relations. Group Processes and Intergroup Relations，1（1）：7-20.

Ahammad M F，Glaister K W，Weber Y，et al. 2012. Top management retention in cross-border acquisitions：the roles of financial incentives，acquirer's commitment and autonomy. European

Journal of International Management，6（4）：458-480.

Ashforth B E, Mael F. 1989. Social identity theory and the organization. The Academy of Management Review，14（1）：20-39.

Bettencourt B A, Dorr N, Charlton K, et al. 2001. Status differences and in-group bias: a meta-analytic examination of the effects of status stability，status legitimacy，and group permeability. Psychological Bulletin，127（4）：520-542.

Bilgili T V，Calderon C J，Allen D G，et al. 2017. Gone with the wind：a meta-analytic review of executive turnover，its antecedents，and postacquisition performance. Journal of Management，43（6）：1966-1997.

Brown R. 2000. Social identity theory：past achievements，current problems and future challenges. European Journal of Social Psychology，30（6）：745-778.

Buchholtz A K，Ribbens B A，Houle I T. 2003. The role of human capital in postacquisition CEO departure. The Academy of Management Journal，46（4）：506-514.

Cho B，Lee D，Kim K. 2014. How does relative deprivation influence employee intention to leave a merged company? The role of organizational identification. Human Resource Management，53（3）：421-443.

Crosby F. 1976. A model of egoistical relative deprivation. Psychological Review，83（2）：85-113.

Crosby F. 1982. Relative Deprivation and Working Women. Oxford：Oxford University Press.

Davis J A. 1959. A formal interpretation of the theory of relative deprivation. Sociometry，22（4）：280-296.

Ellemers N，Bos A E R. 1998. Social identity，relative deprivation，and coping with the threat of position loss：a field study among native shopkeepers in Amsterdam. Journal of Applied Social Psychology，28（21）：1987-2006.

Ellemers N，van Knippenberg A，Wilke H. 1990. The influence of permeability of group boundaries and stability of group status on strategies of individual mobility and social change. British Journal of Social Psychology，29（3）：233-246.

Frank F. 1988. Reviewed works：choosing the right pond：human behavior and the quest for status by Robert H. Frank. Public Choice，56（1）：84-88.

Frank R H. 1985. Choosing the Right Pond：Human Behavior and the Quest for Status. Oxford：Oxford University Press.

Giessner S R，Horton K E，Humborstad S W. 2016. Identity management during organizational mergers: empirical insights and practical advice. Social Issues and Policy Review，10（1）：47-81.

Gurr T R. 1970. Why Men Rebel. Princeton：Princeton University Press.

Hagedoorn J，Duysters G. 2002. External sources of innovative capabilities：the preference for strategic alliances or mergers and acquisitions. Journal of Management Studies，39（2）：167-188.

Hambrick D C，Cannella A A，Jr. 1993. Relative standing：a framework for understanding departures of acquired executives. The Academy of Management Journal，36（4）：733-762.

Haspeslagh P C，Jemison D B. 1991. Managing Acquisitions：Creating Value Through Corporate Renewal. New York：Free Press.

Hirsch P M. 1986. From ambushes to golden parachutes：corporate takeovers as an instance of cultural framing and institutional integration. The American Journal of Sociology，91（4）：800-837.

Hogg M A，Abrams D. 1990. Social motivation，self-esteem and social identity//Abrams D，Hogg M A. Social Identity Theory：Constructive and Critical Advances. London：Harvester Wheatsheaf：28-47.

Hogg M A，Terry D J. 2000. Social identity and self-categorization processes in organizational contexts. The Academy of Management Review，25（1）：121-140.

Hogg M A，Terry D J，White K M. 1995. A tale of two theories：a critical comparison of identity theory with social identity theory. Social Psychology Quarterly，58（4）：255-269.

Iriyama A，Park W，Supriyadi F，et al. 2012. Integrating relative standing and market discipline：a complexity theory perspective of post-merger and acquisition executive departure. Advances in Mergers and Acquisitions，11：181-197.

Kawakami K，Dion K L. 1993. The impact of salient self-identities on relative deprivation and action intentions. European Journal of Social Psychology，23：525-540.

Kawakami K，Dion K L. 1995. Social identity and affect as determinants of collective action. Theory and Psychology，5：551-577.

Lee D，Kim K，Kim T G，et al. 2013. How and when organizational integration efforts matter in South Korea：a psychological process perspective on the post-merger integration. The International Journal of Human Resource Management，24（5）：944-965.

Lubatkin M，Schweizer D，Weber Y. 1999. Top management turnover in related M&As：an additional test of the theory of relative standing. Journal of Management，25（1）：55-74.

Merton R，Rossi A S. 1957. Contributions to the theory of reference group behavior//Merton R. Social Theory and Social Structure. New York：Free Press：287-338.

Oakes P J. 1987. The salience of social categories//Turner J C. Rediscovering the Social Group. New York：Basil Blackwell：117-141.

Oakes P J，Turner J C. 1990. Is limited information processing the cause of social stereotyping. European Review of Social Psychology，1（1）：111-135.

Ozmel U，Guler I. 2015. Small fish，big fish：the performance effects of the relative standing in partners' affiliate portfolios. Strategic Management Journal，36（13）：2039-2057.

Pettigrew T F. 2015. Samuel stouffer and relative deprivation. Social Psychology Quarterly，78（1）：7-24.

Pettigrew T F. 2016. In pursuit of three theories authoritarianism，relative deprivation，and intergroup contact. Annual Review of Psychology，67（1）：1-21.

Pettigrew T F，Wagner U，Meertens R W，et al. 2008. Relative deprivation and intergroup prejudice. Journal of Social Issues，64（2）：385-401.

Power S A，Madsen T，Morton T A. 2020. Relative deprivation and revolt：current and future directions. Current Opinion in Psychology，35：119-124.

Ranft A L，Lord M D. 2000. Acquiring new knowledge：the role of retaining human capital in acquisitions of high-tech firms. The Journal of High Technology Management Research，11（2）：295-319.

Runciman W G. 1966. Relative Deprivation and Social Justice：A Study of Attitudes to Social Inequality in Twentieth Century England. Berkeley：University of California Press.

Schreurs B，Hamstra M R W，Jamahar I M，et al. 2021. Perceived overqualification and counterproductive work behavior：testing the mediating role of relative deprivation and the moderating role of ambition. Personnel Review，50（3）：1038-1055.

Smith H J，Pettigrew T F. 2015. Advances in relative deprivation theory and research. Social Justice Research，28（1）：1-6.

Smith H J，Pettigrew T F，Pippin G M，et al. 2012. Relative deprivation：a theoretical and meta-analytic review. Personality and Social Psychology Review，16（3）：203-232.

Stets T E，Burke P J. 2000. Identity theory and social identity theory. Social Psychology Quarterly，63（3）：224-237.

Stouffer S A，Suchman E A，DeVinney L C，et al. 1949. The American Soldier. Princeton：Princeton University Press.

Sweeney P D，Mcfarlin D B，Inderrieden E J. 1990. Using relative deprivation theory to explain satisfaction with income and pay level：a multistudy examination. The Academy of Management Journal，33（2）：423-436.

Tajfel H. 1974. Social identity and intergroup behavior. Social Science Information，13（2）：65-93.

Tajfel H. 1981. Human Groups and Social Categories. Cambridge：Cambridge University Press.

Tajfel H，Turner J C. 1979. An integrative theory of intergroup conflict. The Social Psychology of Intergroup Relations，47（33）：74-90.

Turner J C, Hogg M A, Oakes P J, et al. 1987. Rediscovering the Social Group: A Self-Categorization Theory. New York：Basil Blackwell.

Walker I，Pettigrew T F. 1984. Relative deprivation theory：an overview and conceptual critique. British Journal of Social Psychology，23（4）：301-310.

Weber U，Mummendey A，Waldzus S. 2002. Perceived legitimacy of intergroup status differences: its prediction by relative ingroup prototypicality. European Journal of Social Psychology, 32(4): 449-470.

第3章　并购整合中相对地位影响离职意愿吗？地位合法性的关键作用

本章在第 2 章的理论分析基础上，结合相对地位理论与社会身份理论，运用扎根思路的多案例分析法，先分析并购整合中相对地位对离职意愿的影响，旨在明确该影响关系中的关键边界条件。

3.1　引　　言

并购是一个包含前并购、并购计划、并购宣布、初始并购、正式法律并购、后并购和心理并购共 7 个阶段的过程（Buono and Bowditch，1989；Dempsey and Mckevitt，2001）。正式法律并购之后的后并购和心理并购阶段通常被视为并购整合。并购整合是指为了使合并或者收购的组织成为一个功能性整体，而在文化、结构和体制上所进行的变革（Pablo，1994）。并购整合的关键是人力资源整合（Ahammad et al.，2016；Schuler and Jackson，2001；Weber and Tarba，2010）。在以往人力资源整合的文献中，研究者特别关注员工离职（意愿）的影响因素问题（Cartwright and Cooper，1993；Cho et al.，2014；Degbey et al.，2020；Hambrick and Cannella，1993；Ng et al.，2019；Steigenberger and Mirc，2020）。如第 2 章所述，针对该问题的研究所基于的其中一个关键理论是聚焦并购双方群体关系的相对地位理论。从这个理论视角出发，现有研究认为，并购整合中员工所感知到的相对于并购另一方的地位，会负向影响其离职意愿或离职行为（Bilgili et al.，2017；Hambrick and Cannella，1993；Lubatkin et al.，1999；Ranft and Lord，2000），这表明低相对地位会导致高离职意愿。但是，在并购整合中，是否存在低相对地位却不会导致明显离职意愿的情况呢？如果存在，这意味着并购整合中相对地位对离职意愿的影响关系存在一定的边界条件，那么，该边界条件又是什么？现有研究并没有明确揭示出该边界条件。这在很大程度上会弱化研究结论的外部效度，也使研究结论的现实意义大打折扣。为此，本章尝试回答上述两个问题，旨在聚焦并购整合，基于以往研究结论进一步明确相对地位对离职意愿影响的边界条件。

现有关于并购整合中员工离职影响因素的研究，大致可以概括为三种思路：一是强调个体人口统计学特征对其离职意愿产生影响的高层梯队观点（Bergh，2001；Kiessling and Harvey，2006；Krug，2003）；二是关注并购双方文化相容性影响员工离职意愿的文化差异观点（Buono et al.，1985；Cartwright and Cooper，1993；Krug and Nigh，1998；Liu et al.，2020）；三是强调相对地位和相对剥夺（relative deprivation）影响离职意愿的群体关系思路（Cho et al.，2014；Hambrick and Cannella，1993；Lee et al.，2013；Lubatkin et al.，1999；Ranft and Lord，2000；郭文臣和肖洪钧，2011）。另外，还有个别文献聚焦在个体组织认同和职业认同对离职意愿产生影响的分析上（Steigenberger and Mirc，2020）。在上述三种思路中，最后的群体关系思路自1990年以来得到越来越多研究者的关注，而基于相对地位理论的研究不但开启了这一思路下的分析，而且延伸到并购整合中其他问题的研究中。例如，被并购公司的发明者生产率和CEO薪酬问题的研究（Paruchuri et al.，2006；Seo et al.，2015）。由此可见，相对地位理论的引入对并购整合中离职问题及相关问题的研究都具有重要意义。但是，以往基于相对地位理论的相关研究仅认为，员工感知到的相对地位能够负向预测其离职意愿，但就该影响关系的边界条件则缺乏更深入的探讨，而其边界条件的明确能够使人们更好地把握相对地位在并购整合中员工离职问题上所扮演的真正角色。

鉴于此，本章研究将基于扎根理论的分析方法（Glaser and Strauss，1967）离析并购中相对地位对离职意愿影响的关键边界条件。首先，针对一家初始案例企业和三家确证案例企业进行分析，旨在明确相对地位影响离职意愿的边界条件，即地位合法性（status legitimacy）的关键作用；其次，将上述分析结论与以往文献结合，从社会身份理论视角，阐述地位合法性在相对地位影响离职意愿中扮演关键角色的内在机理。本章研究通过发现地位合法性在相对地位对离职意愿影响关系中的关键作用，补充并推进以往并购中相对地位对离职意愿的影响研究，进而丰富并购中离职问题研究的文献。该研究也能够为制定和推行预防员工离职的并购整合策略提供理论指导。

3.2　基于相对地位理论的相关研究

3.2.1　并购中的相对地位

在并购情境下，通常存在两种比较敏感的相对地位，即群体相对地位（group relative standing）和纵向相对地位（longitudinal relative standing）。前者是指个体感知到的自己所属的并购一方相对于并购另一方的相对地位，是并购双方群体横向进行比较的结果；后者则是指个体感知到的自己所属的并购一方相对于并购之前的当前的相对地位，是并购一方自身群体对并购前后地位的纵向比较结果。

正如第 2 章所分析的，相对地位理论是由 Frank（1985）提出的。相对地位指个体相对于在一个公司、社区或者团队等近似社会安排中的其他人的个体地位（Hambrick and Cannella，1993；Ozmel and Guler，2015）。相对地位是个体与参照对象比较之后而主观感知到的（颜士梅，2011）；相对地位理论强调了在相似社会环境中个体感知到的相对于其他成员的社会地位对个体态度和行为的重要影响，也强调了人们“做大池塘里的小青蛙，还是做小池塘里的大青蛙”这样的基于相对地位的理性选择（Ahammad et al.，2012；Bilgili et al.，2017；Frank，1985；Ranft and Lord，2000）。

在并购整合情景下，一方面，由于并购双方群体进入同一个新的后并购组织，这个新组织就成为并购双方人员的共同的社会安排，也就成为一个容易发生个体对比的近似社会安排，即其中的个体人员在判断自己在组织中的相对地位时，最可能选择新组织中的成员进行比较。另一方面，即使友好的并购也通常会破坏个体在组织中的社会地位，并随之会产生征服的氛围（Hambrick and Cannella，1993；Haspeslagh and Jemison，1991；Hirsch，1986），这样，并购双方的群体关系会变得更加敏感，群体比较和群际关系就会变得突出（Cho et al.，2014；Giessner et al.，2016；Haspeslagh and Jemison，1991；Hambrick and Cannella，1993）。因此，并购整合中个体相对地位的感知，通常基于并购后新组织这一社会安排，通过对比这一社会安排中所存在的并购双方群体的地位而产生，即个体所感知到的相对于并购另一方群体的自身群体地位。因为该相对地位虽然是个体所感知到的，却聚焦在并购双方群体地位对比上，突出了群际关系，因此将其称为群体相对地位。以往并购中离职问题相关研究中提及的相对地位一般都是指群体相对地位，有些研究用客观指标佐证表征（Hambrick and Cannella，1993），有些则完全用个体感知到的主观因子来体现（Ahammad et al.，2012；Lubatkin et al.，1999）。

在并购整合情景下，除了新组织这样一个备受关注的社会安排之外，还存在一个容易发生个体对比的近似社会安排，即被并购方群体或者并购方群体自身。以被并购方群体为例，作为一个群体，从并购之前到并购之后，虽然其文化和组织身份等都会发生变化，但是其原有文化、身份和行为习惯也会延续（Terry and O'Brien，2001），因此，其作为一个群体在并购前后都在维系，进而成为一个容易发生个体对比的近似社会安排。同时，作为并购一方的群体，尤其是被并购方群体，都经历了并购这样一种速度快、范围广、充满不稳定性的重大变革事件（Marks，1988；Schweiger and DeNisi，1991），并购就成为群体的敏感时点，群体在并购之前与并购之后的变化，也随之成为群体成员所关注的焦点，因此，群体基于并购前后的比较变得较为突出。这正如 Hambrick 和 Cannella（1993）所强调的，在并购整合情景下，被并购方成员与并购方进行对比以及与他们以前的状况进行对比，变得不可避免并非常凸显。鉴于此，个体在群体这个近似社会安排中，很容易对比并购前后自身群体地位。例如，被并购方企业员工在并购整合过程中就会比较被并购方群体当前地位与并购之前的地位。这样，个体就会感知到相对于并购之前自身群体地位的当前地位。由于该相对地位虽然是个体所感知到的，但是却聚焦在并购前后自身群体地位比较上，强调了以并购为时点的时间跨度，故可以称为纵向相对地位。如果并购整合中群体成员的纵向相对地位低，就会产生失落感，进而可能会影响群体成员的工作相关态度或者行为，如离职意愿或者离职行为。然而，以往在并购中离职问题的相关研究，聚焦在群体相对地位对离职行为或者离职意愿的影响上，尚欠缺对该种纵向相对地位的关注和分析，鉴于此，本章研究在揭示相对地位对离职意愿影响的边界条件时，在立足群体相对地位进行分析的基础上，也尝试纳入纵向相对地位，探究其在对离职意愿的影响中所扮演的角色。

3.2.2　基于相对地位理论的并购离职问题研究

自 20 世纪 90 年代 Hambrick 和 Cannella 两位研究者将相对地位理论引入并购中离职问题的研究中以来，该分析视角得到国内外很多研究者的关注。

Hambrick 和 Cannella（1993）以被并购企业的管理者为研究对象，通过客观和主观相结合的测量方法，用相对于并购方的被并购方并购前绩效、并购社会氛围、并购双方相对规模、被并购企业自主性移除和被并购企业高管在并购后组织中所获地位等指标，来表征被并购企业管理者相对于并购方的地位，并实证发现被并购企业管理者的相对地位能够负向预测其离职率。Lubatkin 等（1999）则进一步突破了 Hambrick 和 Cannella（1993）的研究局限，强调了与并购方相比的被并购企业高层管理者相对地位知觉本身而非引致相对地位知觉的条件对离职的影响。他们用文化差异感知和自主性移除感知来测量相比于并购方的被并购企业高层管理者的相对地位，基于两阶段数据收集设计的分析发现，感知到的文化差异和自主性移除能够显著预测被并购企业高管离职率。后来，Ranft 和 Lord（2000）在上述研究基础上，将研究对象扩展为被并购企业组织中包含管理者和专业技术人员在内的知识员工，并运用被并购方自主性、被并购方人力资产地位和并购方对被并购方的承诺来表征相比于并购方的被并购方知识员工的相对地位。他们的实证分析结果显示，被并购组织的自主性、地位和得到的承诺能够正向预测知识员工的留任。Buchholtz 等（2003）在对已往并购整合中高管人员离职影响因素的解释进行总结时，强调相对地位理论是其中一个重要解释思路。Ahammad 等（2012）基于相对地位理论和留任的财务激励机制发现，被并购企业的自由性和并购方对被并购企业的承诺显著影响着被并购企业高层管理团队的留任。郭文臣和肖洪钧（2011）的案例分析也发现，被并购方的低的相对地位会促使被并购企业高管团队成员的集体离职。颜士梅等（2013）基于相对地位理论针对中国并购企业的实证研究发现，知识员工相对地位感知通过影响工作压力感知进而显著负向影响离职意愿。总之，正如 Bilgili 等（2017）所概括的那样，以往研究显示，并购之后的被并购企业管理者的低相对地位与其高离职行为和离职意愿相关。

概览以往相关研究可以发现：首先，以往研究一般都以被并购企业员工为研究对象，并且绝大多数研究聚焦在被并购企业的管理者上（Ahammad et al.，2012；Hambrick and Cannella，1993；Lubatkin et al.，1999）。其次，以往研究所强调的员工感知到的相对地位，实际上皆是感知到的群体相对地位。在对感知到的群体相对地位进行测量时，尽管不同的研究所使用的指标不尽相同，但是，自主性移除（autonomy removal）是唯一所有研究都纳入的指标（Ahammad et al.，2012；Hambrick and Cannella，1993；Lubatkin et al.，1999；Ranft and Lord，2000；Very et al.，1997）。自主性移除是指后并购企业的关键决策权的自主性程度（Hambrick and Cannella，1993；Ranft and Lord，2000）。最后，相关研究结论较为一致，即被并购企业员工群体相对地位会负向影响其离职行为或者离职意愿（Ahammad et al.，2012；Hambrick and Cannella，1993；Lubatkin et al.，1999；Ranft and Lord，2000）。总之，群体相对地位强调了并购双方之间的地位关系，被认为是影响被并购企业人员离职的一个重要因素（Buchholtz et al.，2003；Iriyama et al.，2012）。

上述关键研究进展为后续研究奠定了较好基础，一方面，由于在并购整合情景下，被并购企业员工尤其是管理者更可能对群体相对地位敏感，也更可能会感受到低的群体相对地位，故后续研究要更多关注对群体相对地位敏感的被并购方企业员工或者初始地位相似的合并双方企业员工，而不是初始地位较高的并购方企业员工。另一方面，在针对感知到的群体相对地位进行分析时，应该关注被不同的以往研究所共同强调的关键指标“自主性移除”的具体状况，这样才可能真正捕捉到现实的相对地位。同时，由上述研究进展可知，相对地位思路的研究也存在有待推进之处。具体而言，以往研究仅仅止于被并购企业员工感知的群体相对地位负向预测其离职意愿的结论，而相对欠缺对该结论的质疑或者边界条件的探寻，即是否存在员工感知到低的群体相对地位却没有高离职意愿的情况？如果存在，其原因又是什么？鉴于此，本章研究尝试基于扎根理论的研究思路，通过四个案例来分析与以往研究结论不一致的情况，并发现以往研究结论的边界条件。

3.3 方　　法

扎根理论研究方法是借助初始—聚焦—理论多级编码过程，对现实资料进行层层离析和归纳，从而使概念或者理论得以涌现的质性研究方法（Glaser and Strauss，1967；Strauss and Corbin，1998）。运用扎根理论研究方法，能够从并购整合的一手资料中，发现以往研究可能忽略的相对地位影响离职意愿的边界条件。鉴于此，本章研究总体上运用该方法加以分析，具体通过三个步骤进行：第一，就一个初始引致思考本章研究问题的合并整合案例进行分析，旨在使可能的边界条件初步涌现；第二，为了使上述分析达到理论饱和，再进行理论抽样，进一步获得另外三个收购整合案例并加以分析，旨在离析和确证第一步分析所发现的结论（Draucker et al.，2007；张霞和毛基业，2012）；第三，结合社会身份理论及其相关研究文献，深入阐述上述发现，旨在进一步明确该研究结论。通过上述三个步骤的分析，能够初步获得关于并购整合中相对地位影响离职意愿的边界条件。就案例资料的具体分析技术而言，鉴于相对地位和离职意愿是以往相关研究中得到较多关注的成熟变量，因此，在分析时主要采用直接思路的质性内容分析技术（Hsieh and Shannon，2005）。由于以往研究缺乏对相对地位影响离职意愿的边界条件的探讨，本章研究采用扎根理论的分析技术，借助归纳通道层层离析而得出（Glaser and Strauss，1967）。

3.3.1　样本

本章研究第一步分析的初始案例，为研究者在对并购中人力资源整合问题进行调研时偶遇的员工群体相对地位低却没有明显离职意愿的案例；本章研究第二步分析的三个确证案例为理论抽样案例。四家案例企业的特征具体如下：①第一家初始案例企业 CDM 公司是由 C 和 D 两家不同公司各出对等数量的人员合并而成立的新公司，C 公司占股为 51%，D 公司占股为 49%，另外三家案例企业的并购活动皆为 100%股权的全资收购活动。四个案例皆为与战略相匹配的需要实质整合的并购活动。②四家并购整合案例企业皆处于初始整合阶段。其中，CDM 公司和 JKA 在调研时分别处于正式并购之后第 12 个月和第 6 个月；EFA 公司尽管在 2008 年被收购，但是并购时签订了 10 年一体两制协议，2017 年底协议结束，2018年初才开始实质整合，对该企业进行系统调研是在 2019 年 9 月；LMA 公司在 2014年 12 月完成 100%的被收购之后，与收购方签订了 3 年的对赌协议，2018年 3 月开始整合，对该企业的调研是在 2018 年 4 月。③在四个案例中，第一个案例 CDM 的并购整合能够使相对地位对离职意愿影响的边界条件初步涌现；第二个案例 EFA、第三个案例 JKA 和第四个案例 LMA 则能够进一步离析和确证初始案例分析结论。总之，上述案例特征能够满足基于扎根理论思路分析本章研究问题的要求。

四个案例分别为国有企业间的合并、民营企业对国有企业的收购、外资企业对外资企业的收购及民营企业对民营企业的收购，案例企业的背景信息见表 3.1。

表 3.1 四家案例企业的背景信息

案例企业		并购企业性质	并购企业规模	并购企业所属产业	被并购(合并另一方)企业性质	被并购(合并另一方)企业规模	被并购(合并另一方)企业所属产业	并购时间	整合时间
案例 1	CDM	国有企业	大型企业集团	能源(煤炭开发)	国有企业	大型企业集团	能源(电源建设与开发)	2017 年 1 月合并,双方股份分别为 51% 和 49%	2017 年 2 月
		旨在使相对地位对离职意愿影响的边界条件初步涌现							
案例 2	EFA	民营企业	大型企业集团	化工、金融、房地产	国有企业	大型	化工	2008 年 4 月收购 92%股份,2018 年初完成 100%股份收购	2018 年 3 月
		旨在离析和确证相对地位对离职意愿影响的边界条件							
案例 3	JKA	外资企业	大型企业集团	生物医药等	外资企业	大型企业集团一事业部	生物医药等	2020 年 4 月收购 100%股份	2020 年 4 月
		旨在离析和确证相对地位对离职意愿影响的边界条件							
案例 4	LMA	民营企业	大型企业集团	软件	民营企业	中小型	软件	2014 年 12 月收购 100%股份	2018 年 3 月
		旨在离析和确证相对地位对离职意愿影响的边界条件							

3.3.2 资料获取

并购整合案例相关资料主要通过访谈获取,辅以网络二手资料进行补充。就访谈而言,包括初始访谈和深度访谈两种类型,初始访谈一般不在发生并购活动的现场企业进行,持续时间为每人次半个小时到 1 个小时,旨在了解并购整合的基本概况,为后续深度访谈做好准备;深度访谈皆为现场访谈,即到公司所在地与了解或者经历并购整合过程的相关管理者和员工进行深度交流,一般持续时间为每人次 1 个小时。通过这些访谈获得并购整合的第一手资料。就网络二手资料而言,则是通过访问案例企业网站以及百度等搜索网站查阅公司概况和并购活动的相关信息,旨在补充或者确证访谈资料,资料获取方式、时间和对象见表3.2。

表 3.2 资料获取方式、时间和对象

案例企业	获取方式	获取时间	获取对象基本信息
CDM	二手资料	2018 年 2 月	深度访谈前的准备过程和访谈资料的整理过程
	初始访谈(非现场)	2018 年 2 月(深度访谈前)	访谈对象:项目管理部下属子公司总经理 1 人次(男)

续表

案例企业	获取方式	获取时间	获取对象基本信息
CDM	深度访谈（现场）	2018 年 2 月	访谈对象：项目管理部主任 1 人次（男）；党群工作部主任 1 人次（男）（来自合并另一方）；公司党委书记、董事长 1 人次（男）（来自合并另一方）；计划合同部主任 1 人次（男）（来自合并另一方）；投资开发部科员 1 人次（男）（来自合并另一方）；综合管理办公室秘书 1 人次（男）（来自合并另一方）；计划合同部主管 1 人次（男）；综合管理办公室科员 1 人次（男）（来自合并另一方）；项目管理部主管 1 人次（男）（来自合并另一方）
	跟踪访谈（电话）	2019 年 2 月	访谈对象：项目管理部下属子公司总经理 1 人次（男）
EFA	二手资料	2018 年 7 月，2019 年 9 月	初始访谈后、深度访谈前的准备过程、访谈资料的整理过程
	初始访谈（非现场）	2018 年 6 月，2018 年 7 月	访谈对象：公司常务副总经理 1 人次（男）（并购方派往被并购方的人员）
	深度访谈（现场）	2019 年 9 月	深度访谈对象：企业管理部人力资源专员 1 人次（男）（来自被并购方）；安全环保部部长 1 人次（男）（来自被并购方）；生产部部长 1 人次（来自被并购方）；财务部部长 1 人次（男）（来自被并购方）；第一分厂厂长 1 人次（男）（来自被并购方）；第二分厂厂长 1 人次（男）（来自被并购方）；第三分厂厂长 1 人次（男）（来自被并购方）；品管部部长 1 人次（男）（来自被并购方）；采购部部长 1 人次（男）（来自被并购方）
JKA	二手资料	2020 年 5 月，2020 年 10 月	初始访谈后、深度访谈前的准备过程、访谈资料的整理过程
	初始访谈（电话）	2020 年 5 月	访谈对象：被并购企业质保部经理 1 人次（男）
	初始访谈（视频）	2020 年 9 月	访谈对象：被并购企业质保部经理 1 人次（男）
	深度访谈（现场）	2020 年 10 月	访谈对象：被并购企业总经理 1 人次（男）；被并购企业生产部工程师 1 人次（男）；被并购企业质保部检验员 1 人次（女）；被并购企业研发部经理 1 人次（男）；被并购企业生产部一车间主管 1 人次（男）；被并购企业生产部二车间主管 1 人次（男）；被并购企业计划部经理 1 人次（男）；被并购企业运营经理 1 人次（男）；被并购企业技术部经理 1 人次（男）；财务部经理 1 人次（男）
LMA	二手资料	2018 年 4 月	深度访谈前以及深度访谈过程中
	深度访谈	2018 年 4 月	访谈对象：曾经负责该项并购的资本管理公司总经理 1 人次（男）；被并购企业总经理 1 人次（男）；被并购企业人力行政部经理 1 人次（女）；被并购企业人力行政部专员 1 人次（女）；被并购企业原董事长助理 1 人次（男）；被并购企业售后部经理 1 人次（男）；被并购企业前台服务人员 1 人次（女）

为了使研究具有较好的信度和效度，本章研究基于三角检验方法进行资料的

获取，同时将所获得的案例资料及时整理成 Word 文档，并分别建立了档案库，为后续研究问题的分析奠定了良好基础（Fielding N and Fielding J，1986；Yin，2003）。首先，本章研究从案例企业不同部门和不同层级来获得并购整合的相关具体信息。例如，从了解该并购活动的财务部、技术部、生产部等不同部门，以及从公司总经理、部门经理、资深员工等不同层级人员，来获得并交叉验证研究资料（表 3.2 的信息可以显示出）。其次，本章研究还从不同渠道获得资料，包括相关新闻报道、公司网站、非现场的初始访谈和现场深度访谈等，进而能够进行资料的相互补充或者纠偏。例如，针对 LMA 公司，先查阅公司网站和网络相关信息；然后访谈了曾经负责该并购项目的资本管理公司的人员，获得并购及其对赌协议的相关信息；之后再到被并购企业详细获得并购及其整合的相关信息，从不同侧面获取、补充或者确证相关资料。最后，由表 3.2 可以发现，本章研究还针对关键人员进行长时段跟踪调研，及时了解动态信息，这有利于准确地捕捉研究所需的相关资料。

3.4 案例分析

3.4.1 针对初始案例 CDM 合并整合的分析

CDM 公司是成立于 2017 年 1 月的一家国有小型能源开发企业，由 C 集团有限公司与 D 集团有限公司各派出一批人合并而成，地处 C 省。两省集团公司皆是员工超过 2 万人并从事能源开发业务的大型国有企业，但是 D 集团公司以发电为主业，走在能源开发的前列，而 C 集团以煤炭开发为主业，经营状况相对不够理想。C 集团为了实现转型升级，积极寻求发展好的 D 集团公司进行合作，进而成立了派出人员配比为 1∶1、预计初始规模为 50 人的合并公司 CDM。该公司 51%的股份由 C 集团有限公司持有，49%的股份由 D 集团有限公司拥有。当笔者到该公司进行调研时，是该公司正式运行之后的第 12 个月，公司拥有约 30 人，董事长由来自 C 集团有限公司的人员担任，总经理则由来自 D 集团有限公司的人员担任。公司下设投资开发部、项目管理部、计划合同部、综合管理部、财务部和党群工作部。

1. 合并整合中员工相对地位及其对离职意愿的影响

1）员工的相对地位

鉴于并购之后，会产生两种近似社会安排，即并购双方群体和并购前后境况，并且员工通常会在这两种社会安排中进行对比（Hambrick and Cannella，1993），因此，本章研究不仅关注和分析以往研究所聚焦的基于并购双方群体对比而产生的群体相对地位，也分析以往研究所相对忽略的基于并购前后境况对比而产生的纵向相对地位。

a. 群体相对地位

就群体相对地位而言，在案例企业 CDM 的并购整合中，来自 C 集团有限公司的员工相对于来自 D 集团有限公司员工，普遍感受到较低的群体相对地位。首先，从群体相对地位的核心指标——自主性移除来看（Ahammad et al.，2012；Hambrick and Cannella，1993；Lubatkin et al.，1999；Ranft and Lord，2000），合并双方员工皆感受到新公司运营决策权主要掌握在来自 D 集团的成员手中。例如，来自 D 集团的 CDM 项目管理部下属子公司总经理就强调："在管理上，以 D 集团模式为主，因为 C 集团公司原来是煤炭开采，而我们是做电力开发的，他们要从煤炭开发转到电力开发上，他们在业务上不懂。"来自 D 集团公司的项目管理部主任也谈及："在业务上，由来自 D 集团的人员负责。其中三重一大决策与董事长沟通，得到其认可，其他基本由来自 D 集团的人员负责。"来自合并另一方 C 集团公司的党群工作部主任也明确指出："我们主要是按照 D 集团的模式和管理规则来带 C 集团人员。"来自 C 集团投资开发部的一名员工也强调："公司管理体系是以 D 集团为标准的。"来自 C 集团的综合管理办公室秘书也进一步表明："就电业方面的决策权而言，主要在 D 集团手里。"总之，合并双方人员一致认为公司内部管理体系是按照 D 集团的管理体系，业务决策权主要在来自 D 集团的人员手中。由此可见，来自 C 集团有限公司的员工具有较低的自主性，即其自主性移除较高。其次，从员工的薪酬地位状况来看，来自 C 集团的人员几乎都谈及：来自 D 集团员工的薪酬比他们高，有一块异地补贴费。例如，党群工作部主任说："D 集团过来的人有异地生活补贴，这个异地补贴是新公司给的，约占工资的四分之一到五分之一。"计划合同部主任也说："在工资收入上，我们与 D 集团过来的人不一样，他们多一块异地补贴。"由此可见，在新公司中，C 集团人员的薪酬地位明显低于 D 集团人员。

综上所述，来自 C 集团的人员在自主性和薪酬地位上都显著低于来自 D 集团的人员，即来自C集团的人员明显感知到低的群体相对地位。

b. 纵向相对地位

就纵向相对地位而言，来自C集团的人员进行并购前后的对比，普遍感受到高的纵向相对地位。例如，来自C集团的党群工作部主任明确指出："我的状况比以前更好了，因为整个C集团在做减法，而新公司在做加法，能学习新东西"，他还强调："我们新公司人员的薪酬比C集团其他人约高30%。"来自C集团的投资开发部一名科员也说："与原来同事相比，我有种骄傲感，新公司这边是挑战和机遇并存。"来自C集团的项目管理部主管告知："与原来相比，我的总体状况是更好了。在职位上，实际上我的职位更高了。尽管我原来是正职，目前是副职，但是，当前的职位与原来的不能比，当前是发展中的新公司，公司的整体地位就高。在薪金上，比原来更高了。"总之，无论来自C集团的员工还是管理者，都强调新公司在C集团中的地位高，是拓展型并有发展希望的公司；他们自己的整体社会地位和薪酬地位都明显比以前高。可见，来自C集团的人员拥有高的纵向相对地位。

概括以上分析可以发现，CDM合并案例中，新公司中来自C集团的人员具有低群体相对地位和高纵向相对地位。

2）员工的离职意愿

以往研究发现，在并购整合中，并购一方尤其是被并购方成员感知的群体相对地位越低，其离职意愿越高（Hambrick and Cannella，1993；Lubatkin et al.，1999；Ranft and Lord，2000）。上述分析发现，案例企业中来自C集团人员感知到低的群体相对地位，那么，其离职意愿也会高吗？

针对本案例资料的分析发现，感知到低群体相对地位的C集团人员，却没有明显的离职意愿，有些甚至体现出一种幸运和骄傲感。感知到低群体相对地位、来自C集团的党群工作部主任坦言："新公司目标大、吸引人，其目标也契合中央和省的能源发展战略，因此，新公司有更多希望。我们进入新公司的人会感到幸运！"同样感知到低群体相对地位、来自C集团的投资开发部一位员工明确说道："我目前没有想过要跳槽，公司以后的机会大，发展方向不会错的，我要展现出我自己的能力。"明晰合并另一方群体相对地位高的综合管理办公室科员说："我们新公司氛围好，工作确实紧张，我个人感觉在工作上的思考还不足，想要进步。"感知到低群体相对地位，来自C集团的项目管理部主管也强调："从职业生涯角度，这个公司更适合我的发展。"由此可见，来自C集团的人员虽然感知到低群体相对地位，却好像对其进行了忽略，不但没有体现出离职意愿，而且还显示出对新公司工作机会的珍惜感和骄傲感。这与以往研究结论不一致。因此，分析其背后的可能原因就成为必要。

2. 合并整合中员工相对地位对离职意愿影响的边界条件

该部分旨在揭示案例企业中员工群体相对地位没有显著影响其离职意愿的原因，即通过对案例资料的初始—聚焦—理论多级编码（Glaser and Strauss，1967），相对地位对离职意愿影响的边界条件得以初步涌现，具体分析结果详见表 3.3。

表 3.3　案例企业员工群体相对地位没有显著影响其离职意愿的原因

原始资料（皆来自感知到低群体相对地位的 C 集团人员）		关键原因	敏感概念	可能关系
1	来自 C 集团的人与来自 D 集团的人之间存在差异。其主要体现在管理和文化上，在管理制度上，D 集团管理以制度汇编为基础，制度和规则上的模板可以很容易找到，并能够复制。C 集团相关管理制度在数量上和质量上都不如 D 集团。在文化上，D 集团理念比较超前，其也是煤炭业务起家，但是后来会看到一些先机，并接触了电力，进而得到了很好发展。涉及专业技术方面，C 集团这边的人才就少，我们最多做的是光伏，其他没有搞过，没有人也没有经验。因此，我们主要是按照 D 集团的模式和管理规则等来带 C 集团的人	·制度完善 ·理念超前 ·依照学习		
2	尽管我专业上不懂，但我没有私心，大家可以看到我。人家有专业知识，要尊重他们；所以，他们讲专业观点，我基本都是积极支持。在电力业务上，我们 C 集团较为落后	·专业通悉 ·尊重支持		
3	就薪酬差异而言，新公司在成立之初就谈好了。工资收入上，我们与 D 集团人员不一样，他们多一块异地补贴。我觉着我们是引进人家的技术，要尊重人家的技术和人员，他们多一块补贴也是正常	·技术优势 ·补贴合规 ·补贴合理	·地位合法性高 ·尊重学习	高地位合法性可能是低群体相对地位没有导致高离职意愿的一个原因
4	与 D 集团来的人相比，感觉他们学历、能力都很高，思想更先进些，其生活氛围也更好些，工作之余，他们健身、打球，挺健康的；而我们原来则是喝酒、打牌。他们也更关注管理本身，工作更加严谨，规划也更长远。他们是先积极推动一件事情，先抓住机会，将项目往好处努力和处理。我们则缺少了积极主动推动。与他们相比，我没有感觉到不公平，但感觉到不一样	·能力高强 ·思想先进 ·接纳差异		
5	关于 D 集团人员的异地补贴，C 集团人员有些会说“他们为什么多补？”但是，我们也知道，要是 D 集团人员收入低，他们也不会来 C 集团了	·补贴合情		
6	与 D 集团来的人相比，我没有感受到不公平待遇。D 集团过来的人，肯定从管理、技术上更先进，跟着他们是一个磨合和学习过程。只要大方向好就没有问题	·管理先进 ·技术先进 ·值得学习		

续表

原始资料（皆来自感知到低群体相对地位的 C 集团人员）		关键原因	敏感概念	可能关系
7	与过去相比，我的状况比以前更好了。我们进入新公司的人会感到幸运，我们薪酬比集团其他人约高 30%，我们地位也高。当然希望越大，责任越大。我们新公司的确要将该重组项目扎实落地，做好	·地位高于过去 ·薪酬高于过去 ·珍惜投入工作		
8	与原来相比，我对目前状况是满意的。因为这里更加充实，原来我在电力设计院，但是业务越来越少，市场在萎缩，因此不够充实。在这里做的也是与专业有关的，但是新公司具有成长性，我看好的。与原来相比，我的总体状况更好了。因为更加充实，更有干劲，当然压力也更大	·满意现有状况 ·充实投入工作		
9	我们 C 集团过来的人，在原来单位，工资更低	薪酬高于过去		
10	感觉过去工作单位与目前新公司的确存在差异。例如，在招聘上，我们以前的招聘中，很难有被招聘人直接面对高管的机会。目前新公司管理者没有架子，交流氛围好。相对原来公司，我目前在新公司，收入上有一点提升。个人就未来发展上，是我来这里的重要原因。我期望在新公司有个人的未来发展机会。与原来的同事相比，我有种骄傲感	·氛围好于过去 ·薪酬高于过去 ·珍惜自豪工作	·纵向相对地位高； ·工作投入留任意愿	高纵向相对地位也可能是群体相对地位没有显著影响离职意愿的一个原因
11	我原来所在的单位就是稳，但是，由于我们 C 集团煤炭业务总体在萎缩，我们服务单位也在萎缩。这里新公司会发展，会有机会。我原来报的是党群办，后来调剂到这个岗位。目前看来这里发展的空间没有我预期的好。与原来相比，我目前的岗位也不如原来好，但是这里薪资高，这也是我没有走的原因。我在目前岗位上不满意，是因为这个岗位不太好发展。我们年轻人还是要有专业、做专业的事情。我以后想向项目开发方面发展，想做项目。目前也在好好学习，在做准备	·发展好于过去 ·薪酬高于过去 ·留任学习意愿		

由表 3.3 可见，第一，来自 C 集团的人员普遍认为来自 D 集团的人员拥有高群体相对地位是合情理的。具体而言，C 集团人员认为 D 集团人员带来了完善制度、超前理念和先进技术，并且他们的业务能力强，因此，应该尊重和学习他们，给他们的异地补贴是合情合规的。根据以往文献可以发现，这种认可群体双方地位间差异，并认为对方群体的相对地位高是合规、合情和合理的现象，实质上反映了“地位合法性”概念的内涵（Bettencourt et al.，2001；Costarelli，2007，2012；Tajfel and Turner，1979，1986）。地位合法性是社会身份理论所强调的一个关键概念，具体指高地位和低地位群体或者群体成员接受地位差异，并将其视为合法的程度（Bettencourt et al.，2001；Tajfel and Turner，1979，1986）。地位合法性可以从合理（justified）、合情（right）和合规（legitimate）三个方面来测度（Costarelli，

2007，2012）。表 3.3 的资料显示，来自 C 集团的人员普遍接受自己群体成员的低群体相对地位，并认为其合法性高，即相对来自 D 集团的人员而言，他们自身的技术和管理较为落后，因此，需要 D 集团的引领和帮助。这样，C 集团人员就拥有低群体相对地位，而 D 集团人员就拥有高群体相对地位。第二，C 集团人员的高地位合法性感知可能是群体相对地位相对较低却没有离职意愿的一个原因。群体成员感知到的地位合法性会影响他们的态度和行为反应（Ellemers et al.，1993；Tajfel，1974）。表 3.3 的资料显示，尽管来自 C 集团的人员感知到低群体相对地位，但是，他们皆认为其合法性高，并强调应该尊重具有高群体相对地位的 D 集团人员，要向他们学习。这样，C 集团人员体现出积极的工作态度和行为，而没有体现出离职意愿及抗议等负面态度和行为。第三，C 集团人员的高纵向相对地位也可能是群体相对地位相对较低却没有离职意愿的一个原因。表 3.3 的分析结果还显示，具有低群体相对地位的 C 集团人员同时感知到高的纵向相对地位，而由于感知到高纵向相对地位，他们拥有与离职意愿相反的留任意愿及工作投入等积极态度和行为。

由上述分析可以初步得知，拥有低群体相对地位的 C 集团人员之所以没有离职意愿，与其高的纵向相对地位和地位合法性感知密切相关。具体而言，纵向相对地位与地位合法性可能在群体相对地位与离职意愿的影响关系中起重要的缓冲作用。

3. 小结

概括针对合并案例 CDM 公司的分析能够发现：①来自 C 集团人员拥有低群体相对地位和高纵向相对地位。②与以往研究结论不同，拥有低群体相对地位的 C 集团员工没有显著离职意愿。③来自 C 集团人员感知到高的地位合法性，即认为他们拥有低群体相对地位，而合并另一方拥有高群体相对地位是合法的。④地位合法性和纵向相对地位可能在群体相对地位对离职意愿的影响关系中扮演调节变量的角色，即地位合法性越高，群体相对地位对离职意愿的负向影响越弱，反之，则越强；纵向相对地位越高，群体相对地位对离职意愿的负向影响越弱，反之，则越强。换言之，当群体相对地位的合法性和纵向相对地位皆高时，群体相对地位对离职意愿的负向影响可能十分微弱。具体影响关系如图 3.1 所示。

尽管该案例分析能够初步发现图 3.1 中变量之间的关系，并能够尝试给出群体相对地位低却没有离职意愿的原因解释。但是，本章案例研究却仍然无法明确在群体相对地位影响离职意愿的关系中，纵向相对地位与地位合法性两个变量中的

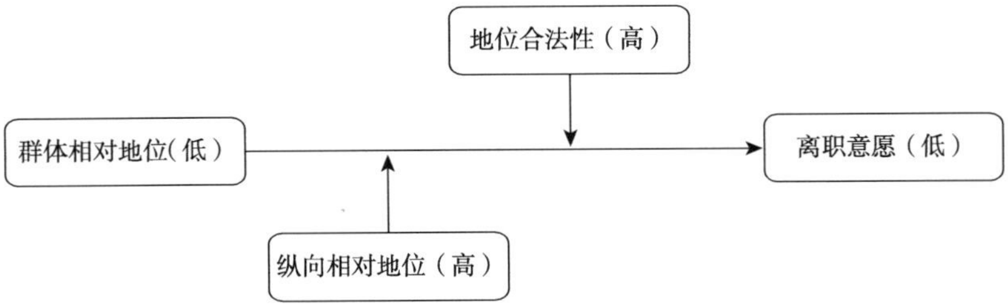

图 3.1　初始案例：群体相对地位对离职意愿影响的边界条件

哪一个会起到更为重要的调节作用。鉴于此，本章研究将运用其他三个案例在确证上述相关研究结论的同时，进一步离析起关键作用的调节变量。

3.4.2　针对确证案例企业 EFA、JKA 和 LMA 收购整合的分析

1. EFA、JKA 和 LMA 的背景信息

案例企业 EFA 是大型民营企业集团 E 企业收购国有 F 企业之后而形成的一家化工企业。化工产业是 E 集团的核心产业之一，其占据了全球近一半的染料产能和中间体产能。为了持续拥有行业竞争优势，实现成为世界级专用化学品生产商和服务商之愿景，集团必须有效整合产业链和价值链。鉴于此，E 集团于 2008 年收购了处于产业链上游、生产合成氨等产品的 F 企业，当时收购了 92%的股份，并且签订了协议，实行一体两制管理模式。10 年协议结束之后，在 2018 年，E 集团又收购了 F 企业另外 8%的股份，完成了全资收购，并对持续亏损 6 年的 F 企业进行全面整合，形成隶属于 E 集团的新 EFA 企业。笔者调研时，该企业拥有约 700 人。

案例企业 JKA 是大型外资企业集团 J 收购另一大型外资企业集团 K 旗下的一个事业部之后而形成的一家企业。J 企业集团在全球医疗诊断行业中位居前列，为了巩固该地位并进一步拓展，就需要进行相关收购。K 集团由于近些年其核心电力业务利润大幅下滑，为了维系核心业务的发展，不得不出售相对边缘却获利能力强的生物医药业务。这样，2020 年 4 月，J 集团就完成了对 K 集团生命科学事业部的全资收购。JKA 企业则是收购之后形成的完全隶属于 J 集团生命科学事业部的一家中小规模企业，主要生产诊断试纸等产品。J 集团对该企业的整合在收购之后有序进行。笔者进行调研时，该企业拥有 250 人左右，其中约 30 人为管理人员，研发人员不到 10 人，其他为一般员工。

案例企业 LMA 是大型民营企业集团 L 对民营企业 M 全资收购之后而形成的一家企业。L 企业集团是一家成立于 2001 年、聚焦信息系统集成和服务的大型高科技上市公司，在全国拥有 60 多家分支机构或者分公司、8 000 多名员工、800 多项自主研发软件产品。L 企业集团为了进一步扩展自己的业务，于 2014 年 12 月全资收购了从事软件服务、拥有约 200 名员工的中小型高科技企业 M 公司。M 公司成立于 2003 年，是一家以移动终端及应用软件定制为核心业务的民营企业。收购之后，双方签订了 3 年对赌协议。根据协议，M 公司 3 年内在业务、人员和岗位以及对应运作体系上保持不变，但要达到 L 公司的利润要求。2017 年底，3 年对赌协议结束，M 公司没有很好地完成收购方规定的利润任务。因此，在 2018年 3 月，L 公司开始对 M 公司进行全面整合。笔者在 2018 年 4 月进行调研时，该被并购公司拥有 160 多人，其中 20 人左右为管理人员，60 多人为研发人员。

2. EFA、JKA 和 LMA 收购整合中相对地位对离职意愿影响的边界条件分析

1）针对案例企业 EFA 的分析

在案例企业 EFA 所拥有的约 700 名员工中，除了 E 集团派遣的几名负责落实整合策略的管理人员之外，其他皆为来自被并购企业 F 的管理者和员工。针对该案例的资料分析可以发现。

首先，这些被并购企业成员普遍认知到自身群体相对地位低，但是其离职意愿并不明显。例如，现任第一分厂厂长说："并购带来的变化是大的，特别是思想上的变化。我们现在用工精简，减本增效提高了，当然，以前国企是主人翁身份，目前民企是打工者身份。我们目前也是一年一聘，如果公司不聘你，就说明你不太合适了。针对自己的饭碗，我们危机感更强了。"但是，他又强调："并购之后的这些变化是逐步合理的，岗位、工资和责任也是不断完善的。如果认为不合理，人早就走了。能留住的，说明认为还是合理的。"这表明，他明确感知到目前公司运行是按照并购方的体系进行的，他们自己的自主性弱，但是，他也认为这种状况是合理的，因此没有体现出离职意愿。公司品管部部长也说道："与以前相比，我们工作节奏更快了，民营企业的氛围更加浓了。目前要求高、节奏快、传达和落实也更加及时了，员工们也说目前要求高。我对于被并购和变革是能够接受的。E 企业对我们比较认可，产业方面也与我们关联。我们原是老国有企业，目前在管理制度上也是在原来基础上慢慢调整，新任的公司总经理也是我们老公司的，经验丰富，也信任我。"由品管部部长的表述可知，被并购方管理者和员工是按照并购方的管理体系的要求开展工作的，具有较低的自主性，但是他们接受和信任新

体系和新管理者，也没有体现出离职意愿。总之，被并购企业员工的自主性移除程度是高的，这意味着其群体相对地位低（Ahammad et al.，2012；Hambrick and Cannella，1993；Ranft and Lord，2000），却没有明显的离职意愿。

其次，被并购企业员工普遍感知到高的地位合法性，进而体现出对并购整合的接纳和认可，没有明显的离职意愿。就地位合法性而言，所访谈的被并购企业的管理者和员工都一致认为，并购方拥有决策权和管理权、被并购方按照并购方的要求进行是合情合理的。例如，在并购之前担任该企业副总，但新公司成立之后仅仅负责安全环保部的部长都坦言："E 企业收购之后，资金支持大。我们在 2006 年启动新厂建设和搬迁工作，2010 年到新厂之后正式投产，还需要技改投资，这些一共需要约 20 亿元。其中，E 企业投资有 10 多亿元，给予了大量资金支持。"公司的第三分厂厂长说："收购时，我们没有那么多钱进行新厂投资，E 企业就注入了 15 亿多元，用于投资建厂。我当时在这里一门心思建厂，觉得并购是好事，可以有钱建设新厂。其实，大批中层管理者都很感谢 E 企业，因为公司持股者在并购时都拿到了股份转换的钱。E 企业收购和管理是人性化的。E 的收购使得我们能建厂、能投资、能发展，使得我们管理能力也提升了、消耗下降了。对当前状况，不能说满意不满意，只是尽心尽力工作。"公司财务部部长也强调："人家投入那么多，当然要有所要求，原来国有企业管理的确散漫一些"，他还说："与 2017 年以前相比，我个人是满意的；与周边相比，也是满意的。"由此可见，被并购企业人员认为并购方拥有高群体相对地位而他们自己拥有低群体相对地位具有高合法性（Ellemers et al.，1993；Tajfel and Turner，1986），因此他们体现出接纳和认可，而没有明显的离职意愿。

最后，被并购企业人员感知到略高的纵向相对地位。案例企业生产部部长说："与以前相比，我感觉我的境况是可以的。目前公司在人员管理和成本控制上都更好。我们看到企业更好了，利润在上升。收购之后是变化了，以后应该是好的。"财务部部长也说："与自己的过去比，我觉着我的境况更好了。因为还是要看企业发展，企业发展了，我个人就会更好。就个人发展而言，企业目前给我的机会更多了。对当时的并购和之后的变化，我是高兴接纳的。"第一分厂厂长也明确指出："与过去相比，我肯定是满意的。因为满意，所在还在这里干，否则就走了。"他还强调："目前我们原来的福利，如住房公积金、五金、班车、住宿等都还保留着。这些方面还是人性化的，处理得好！"采购部部长也明确到："与以前相比，我对目前的我的境况是满意的。公司以人为本做得好，在反映问题上是开放的。原来这个企业死气沉沉，目前是多劳多得、能上能下，大家有工作积极性。”总之，被并购企业员工与并购整合之前进行对比，由于看到了企业的活力和发展，普遍对自己当前的总体状况是满意的，并且感知目前境况略好于过去。可见，他们感知到略高的纵向相对地位，并且体现出接纳和留任行为以及工作上的积极性。

由上述分析可以初步明确：①案例中的被并购企业员工普遍感知到低群体相对地位，然而没有体现出明显的离职意愿；②感知到低群体相对地位的被并购企业员工同时感知到高地位合法性，进而有助于其对并购整合的接纳、认可及留任；③感知到低群体相对地位的被并购企业员工还同时感知到略高的纵向相对地位，这也使得他们接纳变革和积极工作，而没有明显的离职意愿。鉴于此，可以初步说明，高地位合法性和略高的纵向相对地位可能缓冲了以往研究所发现的低群体相对地位对离职意愿的负向影响，概括该分析结果如图 3.2 所示。

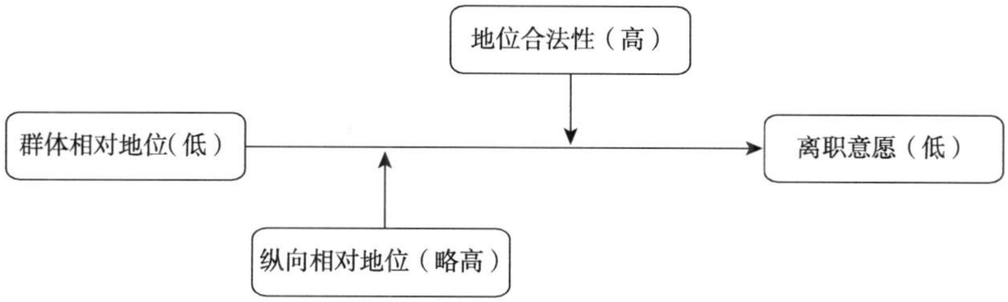

图 3.2　确证案例之一：群体相对地位对离职意愿影响的边界条件

2）针对案例企业 JKA 的分析

案例企业 JKA 自正式并购之后，J 集团就对其进行有条不紊的整合。鉴于 JKA 是被收购的整个事业部下的一个中小规模分公司，收购对其人事冲击很小，因此，笔者在并购之后的第 6 个月对其进行系统调研时，该企业的 250 名左右的成员全部为被并购人员，并且原来的管理层次和管理岗位皆没有变化，仅内部管理系统及其价值理念在根据并购方的要求而有序改变。

就群体相对地位及其地位合法性对离职意愿的影响而言，被并购企业人员普遍感知到并购方的全权决定权，并认为并购双方地位差距的合法性高，他们没有体现出明显的离职意愿。具体而言，J 集团在并购之后，就有步骤地输入其价值理念和管理系统，因此被并购企业的看板、公司标志、产品包装、早会口号和内容、内部管理系统和价值理念都在根据新公司的要求逐步变换。正如质保部负责人所描述的：“目前我们工厂在转换，看板在转换成 J 集团模式的，最有记忆的 K 公司标志这几天也拿掉了，我们有些不舍。”他还讲道：“目前，做的事情比原来多了，因为K公司系统不能用了，要用新公司的管理系统。我目前没有离职的想法，看到J集团用那么多钱收购我们，他们也的确想转型到生命科技，他们在此领域投入的资金一年比一年多，我们也是抱着学习的态度去了解他们。”被并购企业生产部一车间主管也说：“我们要进行新品牌推广，我要向一线员工讲，让大家建立品牌归属感和自豪感；我们以班组为单位，拍有创意的视频，来展示新公司风貌；我们组织活动，让员工参加，发放有新公司元素的纪念品；我们还通过视频介绍新公司。”他随之强调：“我觉着相关工作上的变化是理所当然的，是我的岗位决定的。工厂决定要做的事情是本职工作，无非工作量的变化。我个人感觉没有什么不公平，一线员工也没有不公平的感觉，并购对员工没有大的冲击和影响，但是，他们是100%收购，有决定权，他们最有名的部门就是并购部门。”被并购企业计划部经理也讲道：“在工作内容上一点不受影响，唯独我们要用新公司系统，目前我们已经在用了，这只是方法上的变化。J公司的这种推行是合理的，我认为集团公司必须要有管理方式，人家有自己的套路，接受就完了，也没有增加多少工作量，员工的接受度总体还比较高。我个人没有离职意愿，在这里待得挺开心。”被并购企业技术部经理明确指出：“J 公司过来，我们肯定会变化，但是我们要适应。从其管理系统推广就可以看到J公司的强势，就是‘你说我做’模式。目前J公司的强势，大家还能接受，因为不接受也没有结果。外企就这样，你要是抵制，你就走人，因为他们要保证KPI。”被并购企业财务部经理也说：“原来K企业在财务上是每季度报告一次，目前是每月报告一次。这样，我们的工作量增加了。我们只能被动接受，也愿意在变化环境中体味成长，因此我们部门士气还好。”总体上，在并购之后，该厂自愿离职的非常少，这正如该公司总经理所说：“我们员工稳定性很好，离职率一般为4%~7%，并购对该稳定性没有冲击。”由上可见，第一，被并购企业人员普遍感知到并购方在企业运营等关键决策上拥有自主权，他们的自主性弱，这表明他们的群体相对地位低（Ahammad et al.，2012；Hambrick and Cannella，1993；Ranft and Lord，2000）。第二，被并购企业人员普遍认为并购双方地位间的差异是合法的，即并购方拥有高群体地位，而他们自己拥有低群体相对地位是合情合理的，换言之，被并购企业人员感知到具有高地位合法性的低群体相对地位（Costarelli，2007，2012；Weber et al.，2002）。第三，他们没有明显的离职意愿，而是抱着不质疑、接受和学习的态度面对并购整合中的变换。

就纵向相对地位而言，被并购企业人员一致认为与并购前相比，他们的总体地位基本没有变化。他们的个人职位、薪酬和福利等基本保持原来状态。JKA

公司总经理说："收购对我个人没有大的影响。我们基本上没有什么变化。我们是整体被收购，整个生命科学业务被收购，包括所有相关销售、业务和人员等全部被收购，因此落到我们厂，这种变化就不大。我感觉收购对员工的冲击应该很小，员工的薪酬和福利等没有什么变化。"生产部一位工程师也讲道："我们公司没有感觉到变化。我们薪酬、福利和岗位等都没有变化。我们自上而下，没有任何人员变动，大家如原来一样工作就可以。"被并购企业质保部检验员也述及："并购对员工影响不大，所有一切都在继续，我个人也没有感觉到影响。因为 J 公司也是像 K 公司这样的大公司，没有委屈我们什么。"研发部经理也强调："我个人在职位、薪酬和福利上都没有变化，负责解释这次并购的人也一直强调都不会变。"非常了解一线员工的被并购企业生产部一车间主管也说："员工对并购之后的变化没有什么抵触，因为我们的核心利益没有变化，即薪酬和福利没有变化，因此员工能够接受。"总之，无论中、高层管理者还是一般员工都一致表明，其纵向相对地位没有变化。

综上分析可以发现，该案例企业被并购人员的纵向相对地位没有发生变化，但是其群体相对地位低，然而，具有低群体相对地位的被并购人员却没有体现出明显的离职意愿，而是体现出针对变革的理性接受和学习适应，其关键原因可能是感知到的地位合法性高，总结该分析结论如图 3.3 所示。

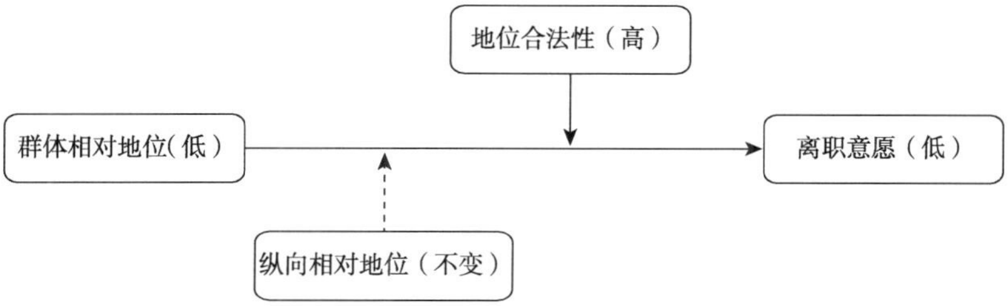

图 3.3　确证案例之二：群体相对地位对离职意愿影响的边界条件
图中虚线表示不存在影响关系

3）针对案例企业 LMA 的分析

并购方 L 企业集团对被并购方 M 公司开始进行整合后，为该公司派遣了新董事长和财务负责人。就被并购方 M 公司的群体相对地位而言，员工普遍感知相对于并购方的被并购群体具有明显低的相对地位。被并购企业总经理强调："在财务上，总部在遥远的异地，我们在这里，报销还得让总部老总签字。"公司人力行政部经理也说道："目前我们公司所有人都是被动的，总部过来个分管财务的小姑娘都对我们指手画脚，我们感觉不舒服。”被并购企业原董事长助理也明确道：“我们总体上感觉，L 公司将我们视为一个子公司，有强的要求性。”公司人力行政部专员补充道：“公司原董事长还是公司法人，但没有决策权，因为 L 公司派来了新老总。目前我们费用报销都受影响，公司原董事长的费用还压在手中，没法报销。”由这些被并购方成员的反应可以发现，被并购方 M 公司没有关键决策权、自主性很弱，相对于并购方 L 公司的群体相对地位低（Ahammad et al.，2012；Hambrick and Cannella，1993；Ranft and Lord，2000）。

被并购方成员还认为并购方与被并购方的地位差异的合法性低。首先，他们认为并购方的高相对地位不合理合规。被并购企业总经理就明确指出，“总部内部没有机制和规则”；人力行政部经理也说，“L 公司派的新老总刚来不久，也做了很不好的事情，来了就搞帮派，很伤人”；被并购企业原董事长助理也强调，“L 他们太有官气，不那么平等”。其次，并购方成员认为并购方的高相对地位也不合情。公司售后部经理也说，“我们售后 10 多人对公司目前情况有所了解，但都挺难以接受，有的下属比我还老，他们在感性上比较难以接受，公司对待他们不能简单粗暴”；人力行政部专员也补充道，“L 新来的管理者有点傲娇”。由此可见，被并购方成员对并购方高高在上的地位以及新派来管理者采取的策略和做法都不认同，认为其不合规或者不合情理，即地位合法性低（Costarelli，2007，2012）。

就纵向相对地位而言，被并购方在三年前就明确了自身被并购的现实，因此对公司变化没有抵触，但是希望以合理的方式进行。同时，笔者调研时，被并购方处在整合的初期，除了被并购公司的董事长被新董事长取代之外，其他都还没有进行大的变革或者调整，因此，纵向来看，被并购方群体自身的地位实质变化不大。这正如公司售后部经理所表述的：“对于我们而言，如果公司发展越来越好，变成新公司也没有关系。我觉着给出明确发展信息会比较好。”

就被并购方成员的离职意愿而言，公司从整合开始到笔者调研时，离职员工已经达到 20 多人了。公司售后部经理和人力行政部经理也都明确表达了对新老总做法的失望或者不满以及自己存在离职意愿。公司人力行政部经理还明确说道：“我们很多老员工都有离职意愿。”由此可见，被并购方的很多员工都认为自身群体相对地位低及地位合法性低，进而对并购整合产生了失望或者不满，导致了普遍的离职行为或者离职意愿。

分析结论具体如图 3.4 所示。

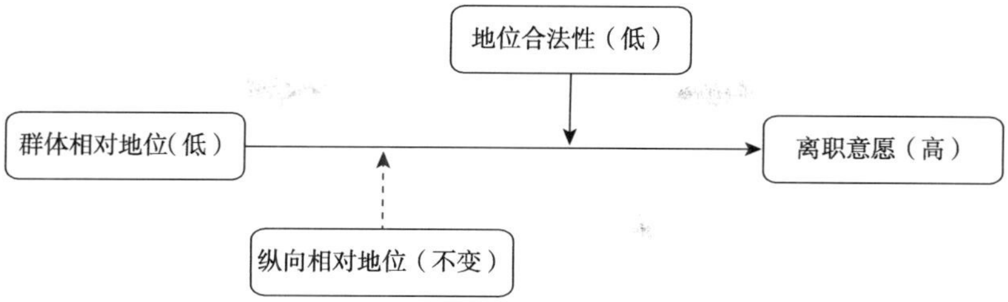

图 3.4　确证案例之三：群体相对地位对离职意愿影响的边界条件
图中虚线表示不存在影响关系

3.5　案例分析结论与文献对比分析

3.5.1　案例分析结论

综上可知，第一，针对一个初始案例的分析可以发现，低群体相对地位并没有导致高离职意愿，这与以往关于低群体相对地位负向影响离职意愿的研究结论不一致；高纵向相对地位和高地位合法性可能使低群体相对地位对离职意愿的负向影响关系不显著，甚至使其关系方向扭转。第二，通过三个确证案例的分析进一步发现，当纵向相对地位呈现出高—略高—不变的状态，同时地位合法性皆高时，低群体相对地位都导致了低离职意愿；当纵向相对地位不变，而地位合法性低时，低群体相对地位却导致了高离职意愿。第三，综合四个案例的分析结果初步表明，在群体相对地位对离职意愿的影响关系中，地位合法性起着至关重要的调节作用，甚至会使两变量之间的负向关系转变为正向关系，本章研究的分析结果具体如图 3.5 所示。

3.5.2　基于社会身份理论的文献对比分析

为了更好地确证案例分析结论，本章研究进一步将上述分析结论与以往相关文献进行对比，发现社会身份理论所强调的群体地位及其合法性的相关论述和研究能够很好地支持案例分析结论。一方面，并购整合组织由合并或者收购双方两个群体构成，通常被认为是分析群体关系及其影响的天然场景（Giessner et al.，2016；Hirsch，1986；Hambrick and Cannella，1993），而以往很多研究者也基于聚

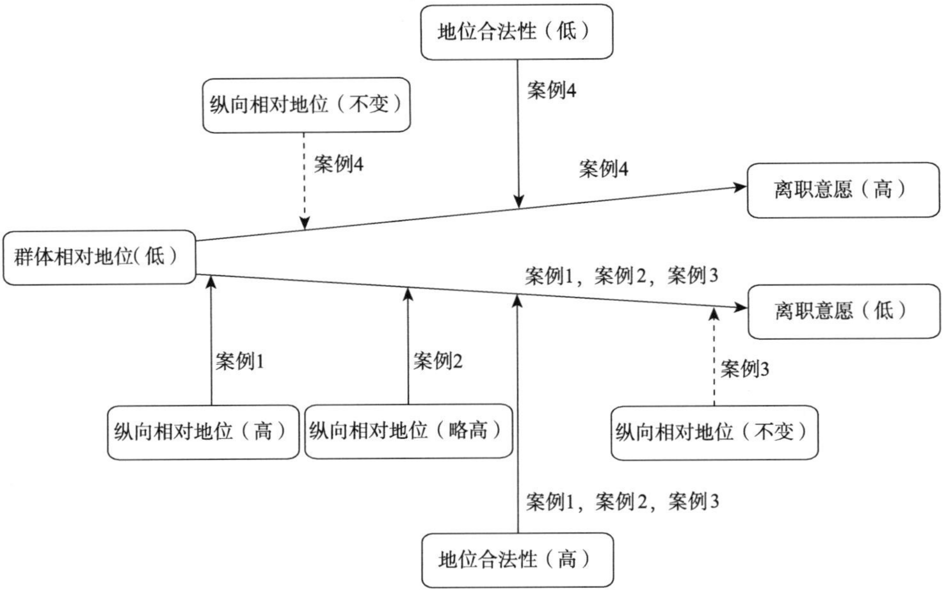

图 3.5　案例分析结论

图中虚线表示不存在影响关系

焦群体和群体关系的社会身份理论，分析并购双方关系及其对组织或者个体的影响（Cho et al.，2014；Giessner et al.，2006，2016；Hogg and Terry，2000；颜士梅和张钢，2020）。另一方面，本章的核心变量，即群体相对地位，是表征群体之间地位关系的变量（Ahammad et al.，2012；Hambrick and Cannella，1993；Ranft and Lord，2000），凸显了群体关系。因此，本章研究也运用社会身份理论及其相关研究进一步从理论上论证案例分析结论。

社会身份理论是一个关于群体过程和群体间关系的理论。该理论假设人们从社会类别角度知觉社会世界，所知觉的所属内群体的特征能够促成人们的自我界定，即形成人们自己的社会身份；该理论还假设在这一界定自己的过程中，积极身份需要是其核心内驱力，即人们竭力获得和维持积极自我概念（Hogg and Abrams，1988；Tajfel，1974；Tajfel and Turner，1986）。群体地位及其合法性是社会身份理论的核心概念（Bettencourt and Bartholow，1998；Ellemers et al.，1993；Tajfel，1974；Tajfel and Turner，1986）。该理论强调被包含在低地位群体的人们为了寻求积极自我，会采取获得更高地位群体成员身份的向上流动策略，通过改变所确定的群体间对比的维度而提升自身社会身份积极性的社会创造策略，或者通过与高地位外群体直接竞争而获得积极身份的群体竞争策略，但是这些策略的选择会受群体地位稳定性、群体边界渗透性和群体地位合法性这三个因素的影响（Bettencourt et al.，2001；Ellemers et al.，1990；Tajfel and Turner，1979，1986；Verkuyten and Reijerse，2008）。群体地位稳定性（group status stability）是指一个群体的地位被认为可能改变的程度；群体边界可渗透性（group boundary permeability）则是指群体成员离开一个群体并加入另一个群体的程度；地位合法性如上所界定，指高和低地位群体将其地位结构视为合法性的程度（Bettencourt et al.，2001；Tajfel and Turner，1979，1986；Verkuyten and Reijerse，2008）。鉴于此，被包含在低地位群体的人们也许诱发身份增强动机，但是，当他们认为自己群体与另一群体的群体地位差异合法性低时，才会采取社会变革、集体抗议等的群体竞争策略；而当他们认为其合法性高时，则可能寻求向上流动策略（Ellemers et al.，1990；Ellemers et al.，1993；Major，1994；Scheepers et al.，2002）。以往研究还发现，当低地位成员认为其地位合法性高时，他们更接受他们的地位；反之，他们则会不满意自己的群体地位，还会产生一些负面情绪和态度（Tyler，2006）。总之，社会身份理论强调群体成员的反应会受其对群体地位的合法性感知的影响（Tajfel，1974；Tyler，2006）。

根据社会身份理论及其相关研究可知，在并购整合中，整合的过程实质上就是将并购双方各自的群体身份转化为同一的基于新组织的内群体身份的过程（Clark et al.，2010；Hogg and Terry，2000；Seo and Hill，2005），因此群体边界可渗透性强；并且，尤其是在全资收购情景下，并购双方的地位结构较为稳定，即并购方拥有决策权和高自主性，因此群体地位稳定性较高。这样，具有低群体相对地位的合并一方或者被并购方，当其成员认为并购双方之间地位差距的合法性高时，他们会更容易接受自己的地位（Ellemers et al.，1993）；并在此基础上，个体成员会积极运用向上流动策略，努力离开低地位群体而加入高地位群体以满足其自尊需要。这样，他们就会较少产生离职意愿或者离职等负面态度和行为，而是抱着接纳、学习和成长的态度面对并购整合中的变换，这正如上述案例 1、案例 2 和案例 3 所体现出的。

相反，恰如上述案例 4 所体现的，如果具有低地位的被并购方群体及其成员感知到双方的地位差异是非合法时，他们就难以将具有不合法高地位的并购方及其所代言的后并购组织视为积极身份的来源群体，而会增强内群体认同（Ellemers et al.，1993），进而更加偏见地对待并购方这一外群体及其所表征的后并购组织（Bettencourt et al.，2001；Tajfel and Turner，1979，1986），使得并购双方群体的关系更加敌意和冲突。Weber 等（2002）也强调地位非合法性感知会增强群体间冲突，导致气愤情绪。在该情景下，在并购双方群体地位稳定性低时，被并购方群体及其成员就会在后并购组织内采取社会竞争策略，通过群体对峙、群体抗议等集体行动积极争取其群体成员共同的积极地位及身份；在并购双方群体地位稳定性高时，由于群体抗争的成本高，群体成员就更可能通过离开现有后并购组织而寻求其他可能的组织来获得积极身份，故会产生离职意愿和离职等负面态度和行为。然而，一般而言，后并购组织尤其是后收购组织基于股权差异的群体地位差异的稳定性高，进而使得低地位群体及其成员在现有组织内通过集体抗争获得高地位的成本高，因此，在并购整合中，在低地位合法性下群体成员会拥有高的离职意愿和离职行为。鉴于此，基于社会身份理论的研究思路可以推知，在并购整合情景下，地位合法性在群体相对地位对离职意愿的影响关系中有着关键的调节作用。具体而言，在低地位合法性下，群体相对地位对离职意愿的影响关系与以往研究结论一致，即存在负向影响关系；在高地位合法性下，低群体相对地位也会导致低离职意愿，进而使以往研究所发现的两变量之间的关系方向发生转变。可见，地位合法性是群体相对地位与离职意愿之间的影响关系的关键边界条件。

3.6 结论与意义

3.6.1 研究结论

本章研究通过三个步骤的分析，即初始案例分析、确证案例分析及文献对比分析，能够得出如下三个结论：

（1）在并购整合中，低群体相对地位能够导致低离职意愿。

（2）在并购整合中，纵向相对地位和地位合法性能够调节群体相对地位对离职意愿的影响关系。

（3）在并购整合中，地位合法性是群体相对地位与离职意愿之间影响关系的关键边界条件，即在低地位合法性下，低群体相对地位能够导致高离职意愿；在高地位合法性下，低群体相对地位却能够导致低离职意愿。

3.6.2　研究的理论意义和实践意义

1. 研究的理论意义

就研究的理论意义而言，首先，本章研究推进了以往并购中离职问题的研究，从而丰富了该领域文献。在以往并购背景下离职问题研究的高层梯队观点、文化差异、群体关系和认同等四个思路中，群体关系思路及其思路下的相对地位理论备受国内外研究者的关注（Bilgili et al.，2017；Hambrick and Cannella，1993；Iriyama et al.，2012；Ranft and Lord，2000；郭文臣和肖洪钧，2011；颜士梅，2012）。自 Hambrick 和 Cannella（1993）将相对地位理论引入并购中员工离职原因的研究中之后，到目前的所有分析和研究皆一致认为员工相对地位（基于相比于并购另一方群体的地位，即群体相对地位）感知负向影响其离职意愿（Bilgili et al.，2017；Hambrick and Cannella，1993；Lubatkin et al.，1999；Ranft and Lord，2000），而相对缺乏对其边界条件的进一步探索。本章研究借助扎根理论的分析思路，经由初始案例分析—确证案例分析—文献对比分析这样三个步骤，发现与以往研究不一致之处，即在并购整合中，低群体相对地位也能导致低离职意愿，并且进一步揭示了其原因，其中高地位合法性是低群体相对地位导致低离职意愿的关键原因。换言之，在高地位合法性与低地位合法性下，群体相对地位对离职意愿影响关系的方向不一致。这也意味着以往研究中的群体相对地位可能是低地位合法性下的群体相对地位，因此，其与离职意愿之间存在显著负向影响关系。这样，通过揭示群体相对地位对离职意愿影响关系的关键边界条件，本章研究明显延伸了以往并购中相对地位对离职意愿影响的研究，从而贡献该领域文献。

其次，本章研究进一步丰富和明晰了并购中相对地位的内涵。以往关于并购中相对地位对离职意愿影响的文献，没有对相对地位所包含的具体内容进行详细分析。尽管以往研究强调了在并购整合中，被并购群体会与并购群体进行对比，也会与并购以前的他们自己的群体进行对比（Hambrick and Cannella，1993），但是，没有对这两种对比下产生的相对地位进行区分，在其对离职意愿的影响分析中，实际上皆将相对地位界定为并购双方群体对比而产生的相对地位感知（Ahammad et al.，2012；Hambrick and Cannella，1993；Lubatkin et al.，1999；Ranft and Lord，2000）。在本章研究中，为了更加明确相对地位与离职意愿之间的可能关系及其原因，则将相对地位区分为两种，即基于并购双方地位对比而产生的群体相对地位和基于并购前后自身对比而产生的纵向相对地位。这样，不仅细化了相对地位的内涵，也为进一步理解相对地位与离职意愿之间的影响关系奠定了基础。另外，本章研究发现了地位合法性在群体相对地位影响离职意愿之间的关键调节作用，使得相对地位的内涵更加明晰。高地位合法性与低地位合法性下的群体相对地位与离职意愿之间的关系方向不一致，实质上说明了相对地位感知是更多基于客观状况而产生的关于地位高低的认知，其不含公平与否的价值判断，也不含积极或者消极的情绪因素。这是后续研究者需要特别注意的。

最后，本章研究延伸了社会身份理论在并购研究中的应用。以往不少研究者都是基于社会身份理论对并购中员工态度和行为进行研究，这与群体关系凸显的并购情景契合。但是，该理论的应用一般聚焦在并购后的组织身份和认同的构建（Clark et al.，2010；Giessner et al.，2016；Seo and Hill，2005；Steigenberger and Mirc，2020），以及并购整合中群体间关系对员工态度和行为的直接影响上（Cho et al.，2014；Lee et al.，2013；颜士梅和张钢，2020），而较少将该理论所强调的一个关键概念——地位合法性，直接引入并购中员工态度和行为问题的相关研究中。本章研究发现了地位合法性在群体相对地位与离职意愿之间关系中的关键作用，使得社会身份理论在并购研究中的应用得以延伸和细化，也在一定程度上丰富了社会身份理论及其相关研究的文献。

2. 研究的实践意义

本章研究结论能够为组织的管理实践提供指导和启发,具有很强的实践意义。首先，本章研究结论意味着现实并购整合组织中的管理者可以将管理工作的重点从并购双方地位差异减少，转移到地位合法性的确保和构建上。由于以往研究结论显示被并购方成员的群体相对地位感知对其离职行为或者离职意愿而言非常关键，因为群体相对地位能够负向预测离职意愿（Ahammad et al.，2012；Hambrick and Cannella，1993；Ranft and Lord，2000）。这样，在并购整合中，管理工作的重点就会投放在采取策略减少并购双方的地位差异上。然而，本章研究却发现，在地位合法性高的情景下，员工感知到的低群体相对地位并不会导致其离职意愿或者行为等对并购整合组织发展产生不利影响的负面态度和行为。这表明地位合法性会在群体相对地位对离职意愿的影响中扮演关键角色，即决定着低群体相对地位是否导致离职意愿或者离职等消极态度和行为。因此在并购整合中，管理工作的重点应该聚焦在地位合法性的确保和形成上。具体而言，管理者可以通过公平程序的设立和及时而有效的沟通等具体措施，实现并购双方的地位差异合规、合理和合情（Costarelli，2012），进而使得拥有低群体相对地位的员工能够客观认识并接纳和认同并购双方的地位差异，有效规避离职问题的产生，并形成理性、合作和发展的新组织氛围，促进并购整合的成功。

其次，本章研究结论还意味着在组织管理中，基于地位差异合法性的管理策略远比基于地位差异的管理策略更有意义。本章研究发现说明，地位差异合法性比地位差异本身更能影响人们积极或者消极的态度和行为反应。在管理实践中，组织或者管理者为了实现组织目标，通常会采用两种不同策略来使组织成员遵从或者合作：一是地位差异策略，即通过组织内部的地位差异凸显权力差异，借由权力差异对拥有低相对地位的人员或者群体施加影响，进而使其服从；二是合法性策略，即让人们相信组织权威、制度或者社会安排是合适的、正确的和公正的，进而让人们感到他们应该遵从相关决策和规则。前者更多是基于惩罚恐惧和回报期望而进行的，故其成本和难度更大，还可能导致负面情绪和群体冲突；后者更多是基于义务进行的，因此成本更低，人们遵从与合作的意愿也会更强（Tyler，2006；Weber et al.，2002）。从组织的长远发展而言，需要管理成本的降低及成员内化的合作意愿，因此，组织及其管理者更应该关注权威和制度的合法性构建，而非权力差异和地位差异的构建。

3.6.3 研究局限与展望

本章研究尽管沿着扎根理论的研究思路，强调初始案例分析、确证案例分析和文献对比分析三个步骤，谨慎地确认研究结论，但是，仍然难以避免扎根理论研究的一个天然局限，即理论饱和的相对性。因此，本章研究得出的结论可能限定在并购及其类似的双群体融合或者合作的情景中。该结论是否能够跨越更多不同种类情景、其外部效度是否好，还需要进一步基于大样本的实证检验。后续研究可以在基于不同企业的两个团队、基于不同社会分层的两个群体，或者基于不同国家的两个群体间的融合或者合作中，进一步验证本章研究结论。同时也可以专门针对并购企业，运用大样本问卷法，实证检验该研究结论。另外，本章研究仅关注了地位合法性在相对地位对离职意愿影响关系中的关键作用，对社会身份理论所强调的群体之间关系的另外两个特征，即群体边界可渗透性和群体地位稳定性，还未直接纳入分析之中，因此，后续研究可以进一步寻找这两个群体关系特征变量可能扮演重要作用的情景，以探索其如何与地位合法性产生交互影响，继而调节相对地位与离职意愿之间的关系。

参考文献

郭文臣，肖洪钧. 2011. 被并购企业高管团队成员集体离职的影响因素探究——基于嘉宝公司的案例分析. 管理案例研究与评论，4（5）：352-360.

颜士梅. 2011. 并购中员工离职原因的理论解读：一个文献综述. 浙江大学学报（人文社会科学版），41（3）：180-189.

颜士梅. 2012. 创业型并购不同阶段的知识员工整合风险及其成因——基于 ASA 模型的多案例分析. 管理世界，（7）：108-123.

颜士梅，等. 2013. 创业型并购中的知识员工整合风险研究. 北京：科学出版社.

颜士梅，张钢. 2020. 并购整合中身份凸显性转化以及对离职意愿的影响：多案例研究. 管理世界，（8）：71-87.

张霞，毛基业. 2012. 国内企业管理案例研究的进展回顾与改进步骤——中国企业管理案例与理论构建研究论坛（2011）综述. 管理世界，（2）：105-111.

Ahammad M F，Glaister K W，Weber Y，et al. 2012. Top management retention in cross-border acquisitions：the roles of financial incentives，acquirer's commitment and autonomy. European Journal of International Management，6（4）：458-480.

Ahammad M F，Tarba S Y，Liu Y，et al. 2016. Knowledge transfer and cross-border acquisition performance：the impact of cultural distance and employee retention. International Business Review，25（1）：66-75.

Bergh D D. 2001. Executive retention and acquisition outcomes：a test of opposing view on the influence of organizational tenure. Journal of Management，27（5）：603-622.

Bettencourt B A，Bartholow B D. 1998. The importance of status legitimacy for intergroup attitudes among numerical minorities. Journal of Social Issues，54（4）：759-775.

Bettencourt B A, Dorr N, Charlton K, et al. 2001. Status differences and in-goup bias：a meta-analytic examination of the effects of status stability，status legitimacy，and group permeability. Psychological Bulletin，127（4）：520-542.

Bilgili T V，Calderon C J，Allen D G，et al. 2017. Gone with the wind：a meta-analytic review of executive turnover，its antecedents，and postacquisition performance. Journal of Management，43（6）：1966-1997.

Buchholtz A K, Ribbens B A, Houle I T. 2003. The role of human capital in postacquisition CEO departure. The Academy of Management Journal, 46（4）: 506-514.

Buono A F, Bowditch J L. 1989. The Human Side of Mergers and Acquisitions. San Francisco: Jossey-Bass.

Buono A F, Bowditch J L, Lewis J W. 1985. When cultures collide: the anatomy of a merger. Human Relations, 38（5）: 477-500.

Cartwright S, Cooper C L. 1993. The role of culture compatibility in successful organizational marriage. Academy of Management Executive, 7（2）: 57-70.

Cho B, Lee D, Kim K. 2014. How does relative deprivation influence employee intention to leave a merged company? The role of organizational identification. Human Resource Management, 53（3）: 421-443.

Clark S M, Gioia D A, Ketchen D J, Jr, et al. 2010. Transitional identity as a facilitator of organizational identity change during a merger. Administrative Science Quarterly, 55（3）: 397-438.

Costarelli S. 2007. Intergroup threat and experienced affect: the distinct roles of causal attributions, ingroup identification, and perceived legitimacy of intergroup status. Personality and Social Psychology Bulletin, 33（11）: 1481-1491.

Costarelli S. 2012. Coping with intergroup threat via biased attributions to low group effort: the moderating roles of ingroup identification, legitimacy, and instability of intergroup status. Social Psychology, 43（1）: 47-59.

Degbey W Y, Rodgers P, Kromah M D, et al. 2020. The impact of psychological ownership on employee retention in mergers and acquisitions. Human Resource Management Review, 31（3）: 1-16.

Dempsey M, Mckevitt D. 2001. Unison and the people side of mergers. Human Resource Management Journal, 11（2）: 4-16.

Draucker C B, Martsolf D S, Ross R, et al. 2007. Theoretical sampling and category development in grounded theory. Qualitative Health Research, 17（8）: 1137-1148.

Ellemers N, van Knippenberg A, Wilke H. 1990. The influence of permeability of group boundaries and stability of group status on strategies of individual mobility and social change. British Journal of Social Psychology, 29（3）: 233-246.

Ellemers N, Wilke H, van Knippenberg A. 1993. Effects of the legitimacy of low group or individual status on individual and collective identity and enhancement strategies. Journal of Personality and

Social Psychology，64（5）：766-778.

Fielding N，Fielding J. 1986. Linking Data：The Articulation of Qualitative and Quantitative Methods in Social Research. London：Sage.

Frank R H. 1985. Choosing the Right Pond：Human Behavior and the Quest for Status. Oxford：Oxford University Press.

Giessner S R，Horton K E，Humborstad S W. 2016. Identity management during organizational mergers：empirical insights and practical advice. Social Issues and Policy Review，10（1）：47-81.

Giessner S R，Viki G T，Otten S，et al. 2006. The challenge of merging：merger patterns，premerger status，and merger support. Personality and Social Psychology Bulletin，32（3）：339-352.

Glaser B G，Strauss A. 1967. The Discovery of Grounded Theory：Strategies for Qualitative Research. Chicago：Aldine.

Hambrick D C，Cannella A A，Jr. 1993. Relative standing：a framework for understanding departures of acquired executives. The Academy of Management Journal，36（4）：733-762.

Haspeslagh P C，Jemison D B. 1991. Managing Acquisitions：Creating Value Through Corporate Renewal. New York：Free Press.

Hirsch P M. 1986. From ambushes to golden parachutes：corporate takeovers as an instance of cultural framing and institutional integration. The American Journal of Sociology，91（4）：800-837.

Hogg M A，Abrams D. 1988. Social Identifications：A Social Psychology of Intergroup Relations and Group Processes. New York：Routledge.

Hogg M A，Terry D J. 2000. Social identity and self-categorization processes in organizational contexts. The Academy of Management Review，25（1）：121-140.

Hsieh H-F，Shannon S E. 2005. Three approaches to qualitative content analysis. Qualitative Health Research，15（9）：1277-1288.

Iriyama A，Park W，Supriyadi F，et al. 2012. Integrating relative standing and market discipline：a complexity theory perspective of post-merger and acquisition executive departure. Advances in Mergers and Acquisitions，11：181-197.

Kiessling T，Harvey M. 2006. The human resource management issues during an acquisition：the target firm's top management team and key managers. International Journal of Human Resource Management，17（7）：1307-1320.

Krug J A. 2003. Executive turnover in acquired firms：an analysis of resource-based theory and the upper echelons perspective. Journal of Management and Governance，7（2）：117-143.

Krug J A，Nigh D. 1998. Top management departures in cross-border acquisitions：governance issues in an international context. Journal of International Management，4（4）：267-287.

Lee D，Kim K，Kim T G，et al. 2013. How and when organizational integration efforts matter in South Korea：a psychological process perspective on the post-merger integration. The International Journal of Human Resource Management，24（5）：944-965.

Liu Y，Vrontis D，Visser M，et al. 2020. Talent management and the HR function in cross-cultural mergers and acquisitions：the role and impact of bi-cultural identity. Human Resource Management Review，31（3）：1-12.

Lubatkin M，Schweizer D，Weber Y. 1999. Top management turnover in related M&As：an additional test of the theory of relative standing. Journal of Management，25（1）：55-74.

Major B. 1994. From social inequality to personal entitlement. Advances in Experimental Social Psychology，26（C）：293-356.

Marks M L. 1988. The merger syndrome：the human side of corporate combination. The Weekly Corporate Growth Report，（January-February）：18-23.

Ng V M T，Huang E G，Young M N. 2019. Should I stay or should I go? Understanding employees' decisions to leave after mergers in Hong Kong's banking industry. Asia Pacific Journal of Management，36（4）：1023-1051.

Ozmel U，Guler I. 2015. Small fish，big fish：the performance effects of the relative standing in partners' affiliate portfolios. Strategic Management Journal，36（13）：2039-2057.

Pablo A L. 1994. Determinants of acquisition integration level：a decision-making perspective. The Academy of Management Journal，37（4）：803-836.

Paruchuri S，Nerkar A，Hambrick D C. 2006. Acquisition integration and productivity losses in the technical core：disruption of inventors in acquired companies. Organization Science，17（5）：545-562.

Ranft A L，Lord M D. 2000. Acquiring new knowledge：the role of retaining human capital in acquisitions of high-tech firms. The Journal of High Technology Management Research，11（2）：295-319.

Scheepers D，Branscombe N R，Spears R，et al. 2002. The emergence and effects of deviants in low and high status groups. Journal of Experimental Social Psychology，38（6）：611-617.

Schuler R S，Jackson S E. 2001. HR issues and activities in mergers and acquisitions. European Management Journal，19（3）：239-253.

Schweiger D M，DeNisi A S. 1991. Communication with employees following a merger：a longitudinal field experiment. The Academy of Management Journal，34（1）：110-135.

Seo J，Gamache D L，Devers C E，et al. 2015. The role of CEO relative standing in acquisition behavior and CEO pay. Strategic Management Journal，36（12）：1877-1894.

Seo M G，Hill N S. 2005. Understanding the human side of merger and acquisition：an integrative framework. The Journal of Applied Behavioral Science，41（4）：422-443.

Steigenberger N，Mirc N. 2020. Should I stay or should I go? Multi-focus identification and employee retention in post-acquisition integration. Human Relations，73（7）：981-1009.

Strauss A，Corbin J. 1998. Basics of Qualitative Research：Techniques and Procedures for Developing Grounded Theory. 2nd ed. Thousand Oaks，CA：Sage.

Tajfel H. 1974. Social identity and intergroup behavior. Social Science Information，13（2）：65-93.

Tajfel H，Turner J C. 1979. An integrative theory of intergroup conflict. The Social Psychology of Intergroup Relations，47（33）：74-90.

Tajfel H，Turner J C. 1986. The social identity theory of intergroup behavior//Worchel S，Austin W G. Psychology of Intergroup Relations. 2nd ed. Chicago：Nelson-Hall：7-24.

Terry D J，O'Brien A T. 2001. Status，legitimacy，and in-group bias in the context of an organizational merger. Group Processes & Intergroup Relations，4（3）：271-289.

Tyler T R. 2006. Psychological perspectives on legitimacy and legitimation. Annual Review of Psychology，57（1）：375-400.

Verkuyten M，Reijerse A. 2008. Intergroup structure and identity management among ethnic minority and majority groups：the interactive effects of perceived stability，legitimacy，and permeability. European Journal of Social Psychology，38（1）：106-127.

Very P，Lubatkin M，Calori R，et al. 1997. Relative standing and the performance of recently acquired European firms. Strategic Management Journal，18（8）：593-614.

Weber U，Mummendey A，Waldzus S. 2002. Perceived legitimacy of intergroup status differences：its prediction by relative ingroup prototypicality. European Journal of Social Psychology，32（4）：449-470.

Weber Y，Tarba S Y. 2010. Human resource practices and performance of mergers and acquisitions in Israel. Human Resource Management Review，20（3）：203-211.

Yin R K. 2003. Case Study Research：Design and Methods. 3rd ed. Thousand Oaks：Sage.

第 4 章　并购整合中身份凸显性转化以及对离职意愿的影响：相对剥夺的重要作用

第 3 章分析了并购整合中相对地位对离职意愿的影响及其边界条件，本章则聚焦在相对剥夺对离职意愿的可能作用上。具体基于相对地位理论、社会身份理论和身份理论，运用多案例分析法，从身份凸显性角度分析群体相对剥夺通过促进身份凸显性转化，进而对离职意愿产生影响。

4.1　引　　言

并购过程中人力资源整合能否成功，在一定程度上决定着并购整合的成败（Ahammad et al.，2016；Krug et al.，2014；Ranft and Lord，2000；Schuler and Jackson，2001；Weber and Tarba，2010；Zhang et al.，2015）。但是，在并购整合过程中，员工离职问题尤其是被并购组织的员工离职问题较为严重（Cartwright and Cooper，1993，1995；Cho et al.，2014；Schweiger and Weber，1989），进而使人力资源整合面临极大挑战。这样，在并购整合中如何预防员工离职就成为整合中的关键任务；相应地，在研究上，员工离职或者离职意愿的影响因素及其机制就成为并购领域和人力资源管理领域的一个重要研究问题。

针对并购中的员工离职或者离职意愿问题，以往国内外研究者从不同视角进行了探讨。例如，Fama（1980）、Buono 等（1985）分析了并购中管理者的离职状况；Bergh（2001）、Krug（2003）尝试将高层梯队观点（upper echelons perspective）引入对并购整合中员工离职或者离职意愿的分析中；Cartwright 和 Cooper（1993，1995）、Larsson 和 Finkelstein（1999）则从文化差异视角对并购中员工离职问题进行了探讨；而 Hambrick 和 Cannella（1993）、Ranft 和 Lord（2000）、郭文臣和肖洪钧（2011）、Lee 等（2013）、Cho 等（2014）则从并购双方的群体间关系视角，即具体基于相对地位理论和相对剥夺理论，探讨了并购中员工离职或者离职意愿的前因。可见，以往研究十分重视并购中员工离职问题，并尝试引入不同理论和观点进行分析，也强调并购双方的群体关系在其间的影响作用。然而，一方面，以往文献相对欠缺将能够深入体现并购双方群体关系的社会身份理论直接引入员工离职或者离职意愿问题的分析之中；另一方面，在并购整合中，员工不仅具有群体身份而且具有角色身份，通常面临身份多重性及其动态变化问题（Chreim，2007；Giessner et al.，2016；Haunschild et al.，1994；陈丽哲，2018；颜士梅等，2018），而以往研究尚缺乏探讨员工的身份多重性及其动态变化对离职意愿的可能影响。由于身份凸显性能够反映身份的多重性和动态性，也是强调群体和群体关系的社会身份理论与强调角色和角色关系的身份理论都关注和探讨的关键概念或者视角（Brenner et al.，2014；Randel，2002；吴小勇等，2011），故本章研究引入身份凸显性，从该视角来分析并购整合中员工离职意愿问题。

身份凸显性指个体的特定身份在某一社会情境中启动的可能性（Yang et al.，2008；吴小勇等，2011）。其在社会身份理论下，具体指个体特定群体身份在社会情境中启动的可能性（Randel，2002）；而在身份理论下，则指个体特定角色身份在社会情境中启动的可能性，与角色中心性（role centrality）在内容上比较接近（Capitano et al.，2017；Stryker and Serpe，1994）。在并购整合情景下，员工往往带着并购前组织的群体身份进入新组织，同时被定位于特定的新组织岗位并扮演着对应角色，这样，员工就拥有基于并购前组织的群体身份和基于后并购组织岗位的角色身份。在特定的组织氛围和情境下就可能出现群体身份凸显性或者角色身份凸显性以及彼此的转化问题，进而对员工离职意愿产生对应影响。

在并购情境下将社会身份理论与身份理论相结合，从身份凸显性视角来揭示角色身份凸显性到群体身份凸显性的彼此转化以及对离职意愿影响的研究还相对欠缺；同时，该转化机理以及所引致的结果具有强情境嵌入性，因此，需要借助并购整合现象及其详细资料来深入探究。鉴于案例研究法具有能够借助深入分析丰富和详细资料而发现新问题、新视角、新机制或者新理论的特征（Berg，2001；Eisenhardt and Graebner，2007；Yin，2003），本章研究尝试运用多案例研究方法，即基于三个企业并购整合案例，来深入分析员工从角色身份凸显性到群体身份凸显性彼此转化的内在机理；员工角色身份凸显性转化为群体身份凸显性以及群体身份凸显性转化为角色身份凸显性对离职意愿所产生的不同影响。

4.2　理论背景及相关研究

4.2.1　社会身份理论及相关研究

社会身份理论主要关注群体和群体间关系（intergroup relations），分析人们怎样将自己视为相比于参照群体的某一群体或者类别的成员以及这种分类的结果（Turner et al.，1987）。社会身份理论强调人们通过群体间的比较和自我分类（self-categorization）将自我身份的确认扎根于群体中（Ashforth and Mael，1989；Hogg and Terry，2000；Stets and Burke，2000）。并购是由两个或者两个以上的不同组织整合成为一个新组织的过程（Hagedoorn and Duysters，2002；Hambrick and Cannella，1993），故后并购组织就会存在两个或者两个以上的群体，继而也就成为分析群体间关系及其影响的天然场景（Cho et al.，2014；Giessner et al.，2016；Hirsch，1986；Hambrick and Cannella，1993；Haspeslagh and Jemison，1991）。鉴于此，越来越多的研究者沿着社会身份理论所强调的群体关系思路，分析了个体所感知到的群体间关系对离职或者离职意愿的影响。

该类研究聚焦在个体所感知到的群体地位关系对离职意愿的影响上，具体体现为基于相对地位理论和相对剥夺理论的研究。相对地位是指个体相对于在一个近似社会安排中其他人的个体地位（Frank，1985）。该理论强调了在相似社会环境中个体所感受到的相对于其他成员的社会地位的重要性（Ranft and Lord，2000）。Hambrick 和 Cannella（1993）首次将相对地位理论引入并购中员工离职原因的探讨中，实证发现被并购企业管理者的相对地位能够负向预测其离职率。后来，Ranft 和 Lord（2000）在此基础上，将研究对象扩展为组织中的知识员工，发现并购后给予知识员工越高的自主性、社会地位和承诺（相对地位的三个要素），越有利于其留任。Ahammad 等（2012）也基于相对地位理论和留任的财务激励机制，实证发现被并购企业的自由度和并购方对被并购企业的承诺显著影响着高层管理团队的留任。颜士梅等（2013）也基于相对地位理论，针对中国并购企业的知识员工进行了实证研究，发现相对地位感知通过影响工作压力感进而显著影响离职意愿。可见，相对地位理论是一个解释并购整合中员工离职（意愿）的重要思路（Buchholtz et al.，2003），强调个体感知到的相对于并购另一方群体的群体地位对员工离职（意愿）的重要影响。

相对剥夺是指人们在某些值得拥有的东西上被剥夺的感受，这种被剥夺的感受是相对于他们自己的过去、其他个体或者群体，或者其他社会类别等任一个参照系而产生的（Walker and Pettigrew，1984）。Lee 等（2013）、Cho 等（2014）将相对剥夺理论引入并购中员工离职意愿的研究。Lee 等（2013）针对韩国并购企业的实证研究发现，并购整合努力通过影响相对剥夺，进而影响员工的离职意愿。Cho 等（2014）将相对剥夺分为个体相对剥夺（egoistic/individual relative deprivation）和群体相对剥夺（fraternal/group relative deprivation），基于韩国一家并购公司的实证研究发现，个体相对剥夺能够预测雇员的离职意愿。总之，个体感知到的相对剥夺能够在一定程度上影响离职意愿。

由上可见，尽管以往并购中员工离职意愿问题的研究是沿着社会身份理论所强调的群体关系思路进行的，关注了基于群体比较的相对地位感和相对剥夺感对离职意愿的影响，突出了并购情境的一个显著特征——群体关系敏感（Cho et al.，2014；Giessner et al.，2016；Hirsch，1986），强调了个体在群体关系敏感的情境下容易感知到群体的差异，并产生对应的情绪、态度和行为，但是，以往文献相对欠缺直接引入社会身份理论、从群体身份视角的分析。基于群体的身份是个体自我概念的一个重要部分（Ashforth and Mael，1989；Hogg and Terry，2000），而且在并购情境下，敏感的群体关系和所感知到的群体差异，容易强化群体身份，在一定情境下导致群体身份的凸显，进而使个体将更多注意力聚焦在群体身份上。这样，个体的群体身份凸显性是敏感或者紧张群体关系的沉淀，相比于感知到的群体关系与差异，其与个体的离职意愿可能存在更直接的影响关系。因此，本章研究直接基于社会身份理论，将个体的群体身份凸显性纳入对离职意愿影响的分析中。

4.2.2 身份理论及相关研究

身份理论强调身份是与角色相关行为和角色关系联系在一起的，自我是由一组基于特定角色的身份所构成的（Stryker，1968；Stryker and Burke，2000；Stets and Burke，2000）。身份理论下的身份是基于角色和角色关系的身份，其不同于社会身份理论下的身份，即基于群体和群体关系的身份，因此身份理论下的身份也被称为角色身份（Burke and Tully，1977；Desrochers et al.，2004；Stryker and Burke，2000）。身份理论强调身份凸显性在角色履行中的重要作用；因为个体通常在一个时间段内扮演多种角色，而这多种角色都会贡献于个体的自我，在该过程中的身份凸显性会使个体将更多的注意力和努力投向特定对应角色，进而影响该角色相关行为（Desrochers et al.，2004；Stets and Burke，2000；Stryker and Burke，2000）。

在并购过程中，个体的组织身份、工作群体身份和职业身份或者基于岗位的角色身份都会受到影响（颜士梅等，2013），但是，如上所述，以往关于并购中员工离职问题的研究更多关注了群体关系对离职意愿的影响，相对欠缺分析员工角色身份的变化以及对离职意愿的影响。由于并购是一种相当不稳定的变革（Schweiger et al.，1987；Schweiger and Denisi，1991），该变革是使一个或者两个组织放弃老的组织身份而采用新的组织身份的过程（Haunschild et al.，1994），此过程通常导致组织身份以及组织内的角色身份模糊不清和动荡不定（Chreim，2007），因此，员工后并购组织内的基于岗位的角色身份在一定情境下容易发生变化，或者隐匿或者凸显，这种变化决定个体注意力的投放，进而影响其态度和行为（Desrochers et al.，2004）。这样，在并购整合中，个体的角色身份的凸显就可能使其关注和努力聚焦于其在后并购组织中所扮演的角色上，进而能够加强角色间的合作，减少离职并促进整合。可见，并购整合情景下的个体角色身份凸显性可能会对离职意愿产生影响。鉴于此，本章研究在关注个体的群体身份凸显性影响离职意愿的同时，也将个体的角色身份凸显性纳入影响离职意愿的讨论中。

4.2.3　小结

综上，并购整合过程是个体多重身份复杂交织并不断明晰的过程，其间的身份的聚焦和转化直接影响员工的态度和行为，其对员工的离职意愿和行为也可能会产生重要影响。根据社会身份理论，并购整合中的群体关系以及群体身份较为敏感，个体的群体身份凸显性可能会对离职意愿产生影响；根据身份理论，并购整合中的角色界定以及角色身份模糊动荡，个体的角色身份凸显性也可能会对离职意愿或者行为产生影响。这样，本章研究将结合社会身份理论和身份理论，同时将并购整合中个体的群体身份凸显性与角色身份凸显性纳入离职意愿问题的探讨中。

将社会身份理论与身份理论相结合，从身份视角来看，成功的并购整合过程实质上就是一个身份转化的过程，即是促使组织成员从基于并购前所在组织的群体身份转化到基于后并购组织岗位的角色身份或者基于后并购组织的组织身份的过程，这也是一个从不同群体身份转化为同一个内群体身份的过程（Seo and Hill，2005）。反之，不成功的并购整合过程实质上就是一个维系并凸显基于并购前所在组织的群体身份过程，或者是从聚焦和关注角色身份转化为聚焦和关注群体身份的过程。这样，个体从角色身份凸显性到群体身份凸显性的彼此转化对离职意愿以及整合成功都可能起着至关重要的作用。鉴于此，本章研究运用多案例分析法来揭示并购整合中个体从角色身份凸显性到群体身份凸显性的转化机理和从群体身份凸显性到角色身份凸显性的转化机理，以及该转化对离职意愿会产生怎样的影响。

4.3　方　　法

本章研究设计是多案例研究方法。采用该种方法，是由于案例研究是组织研究广泛采用的方法，其对于理解组织过程或者变革尤其有益（Hartley，2004）；案例研究相对于问卷研究而言，具有能够捕捉翔实资料的特征（Berg，2001），有助于发现新现象、新问题、新过程和新理论（Pettigrew，1990；毛基业和李晓燕，2010），有利于从整体视角把握现实实践中的关键特征（Eisenhardt，1989；Eisenhardt and Graebner，2007；Yin，2003）；并且多案例研究相对单案例研究，更可能发现普遍化结论（毛基业和张霞，2008）。本章研究恰恰尝试努力通过三个案例中详细而丰富的现实资料，揭示并购变革中的一个新机理，即个体角色身份凸显性到群体身份凸显性的彼此转化机理；并探究该转化对离职意愿会产生的可能影响。可见，案例研究设计与所要分析的问题匹配。

4.3.1　样本

本章研究主要基于理论抽样方法（张霞和毛基业，2012），运用交叉设计技术选择了三家企业的并购活动作为案例。选择的原因主要有如下三个：①三家企业的并购活动都为持有 100%股份的实质收购活动，并且该收购与组织战略匹配。这意味着，并购双方的实质整合会发生。这能为研究问题的探索和分析提供场景。②三家企业的并购活动皆处于整合阶段，即在并购之后的实质整合的初始三年之内。虽然案例 1 中的企业是在 2014 年底进行并购的，但是在并购之后，签订了从 2015 年 3 月到 2018 年 3 月的三年对赌协议，实质整合是从 2018 年 3 月开始的。并购后个体身份凸显性的转化以及离职问题通常发生在实质整合阶段，故有利于研究问题的分析。③案例 1 能够体现个体从角色身份凸显性到群体身份凸显性的转化以及对离职意愿的影响；案例 2 则能充分表征个体从群体身份凸显性到角色身份凸显性的转化以及对离职意愿的影响；案例 3 的选取遵从了复制法则（Yin，2003；毛基业和张霞，2008），即该案例能够再次充分体现案例 1 和案例 2 所反映的过程和问题。这样，可以通过针对三个案例的分别分析和总结分析来深入揭示两种身份凸显性的转化以及对离职（意愿）的影响。

三家企业皆为大型民营企业集团对中小型民营企业或者外资企业的收购。案例企业的背景信息如表 4.1 所示。

表 4.1　案例企业的背景信息

<table>
<tr><th>案例企业</th><th>企业性质</th><th>企业规模</th><th>所属产业</th><th>被并购企业性质</th><th>被并购企业规模</th><th>被并购企业所属产业</th><th>并购时间</th><th>整合时间</th></tr>
<tr><td rowspan="2">案例 1-XAE</td><td>民营企业</td><td>大型企业集团（8 000 多人）</td><td>软件</td><td>民营企业</td><td>中小型（200 多人）</td><td>软件（软件开发）</td><td>2014 年底收购 100%股份（三年对赌协议之后才开始整合）</td><td>2018 年 3 月</td></tr>
<tr><td colspan="8">聚焦：角色–群体身份凸显性转化以及对离职意愿的影响</td></tr>
<tr><td rowspan="2">案例 2-YAF</td><td>民营企业</td><td>大型企业集团（约 15 000 人）</td><td>制造</td><td>民营企业</td><td>中小型（120 多人）</td><td>制造（黄酒酿造）</td><td>2016 年 9 月收购 100%股份</td><td>2016 年 9 月</td></tr>
<tr><td colspan="8">聚焦：群体–角色身份凸显性转化以及对离职意愿的影响</td></tr>
<tr><td rowspan="2">案例 3-ZAG</td><td>民营企业</td><td>大型企业集团（约 19 000 人）</td><td>制造/教育</td><td>外资企业</td><td>中型（约 600 人）</td><td>制造（铜管生产）</td><td>2017 年 4 月收购 100%股份</td><td>2017 年 4 月</td></tr>
<tr><td colspan="8">聚焦：角色–群体身份凸显性转化/群体–角色身份凸显性转化以及对离职意愿的影响</td></tr>
</table>

4.3.2　资料获取

案例企业的相关资料主要通过三个途径获得，一是二手资料，即通过案例企业网址和调研时获取的公司简介等相关纸质资料获得关于公司概况、文化理念、发展历程和并购的相关信息。例如，针对三家案例企业集团，研究者都在网上查阅了其背景信息；针对 YAF 企业，研究者还多次到访该企业，通过参加该企业的一些人力资源管理研讨活动，获得并购实践以及优秀人力资源管理实践的相关二手资料。二是深度访谈，即通过研究者到该企业的深度访谈以及与了解并购活动的相关管理者的深度交流获得该企业的具体资料。针对 XAE[①]企业，首先对一位参与该次并购的资本管理公司总经理进行了 2 个多小时的详细访谈，旨在了解并购双方的背景信息和对赌协议的相关信息；其次到并购企业选取公司高层、中层管理者及一般员工共 6 人进行了深度访谈。针对 YAF 企业，首先对了解并购活动的 2 位企业高层管理者进行了访谈；其次到该企业参加人力资源管理实践研讨，与约 20 人进行了交流和座谈，进一步了解了该次并购活动背景；最后到该企业与企业高层管理者、中层管理者和一般员工共 8 人进行深度访谈，获得了翔实资料。针对 ZAG 公司，首先对集团总部负责并购业务的 1 名管理者进行了 2 次访谈，了解并购活动的基本信息；然后到并购活动发生地选取被并购企业经历并购整合过程的 6 名中层部门负责人（公司所有中层负责人）、1 名基层科室负责人和 1 名车间资深员工进行了深度访谈。三是问卷法，即本章研究还辅助运用问卷法获取了相关数据以佐证访谈资料。由于就 XAE 公司并购整合访谈而言，在时间上比较集中，为了确保访谈资料的信度，研究者还针对 9 位管理者及其 36 位下属发放相关问卷，获得了佐证资料。访谈背景信息见表4.2。

表 4.2　访谈背景信息

案例企业	访谈时间	被访谈人基本信息
XAE	2018 年 4 月	资本管理公司总经理 1 人（男）；被并购企业总经理 1 人（男）；被并购企业人力行政部经理和专员各 1 人（女）；被并购企业总经理助理 1 人（男）；被并购企业售后部经理 1 人（男）；被并购企业前台服务人员 1 人（女）
YAF	2016 年 8 月，2017 年 8 月，2017 年 10 月	集团公司分公司总经理 2 人（男）；集团公司总部副总经理 1 人（男）；集团公司总部 HR 经理 1 人（男）；集团公司行政总监 1 人（女）；集团公司高层管理者 2 人和行政人事管理人员 4 名（2 位男士、2 位女士）以及其他分公司 HR 经理约 10 多人（座谈）；集团公司总部 HR 经理 1 人（再次访谈）（男）；并购整合发生的分公司副总经理 1 人（女）；并购整合发生的分公司人力资源与企业管理部经理 1 人（男）、副经理 1 人（男）、人事专员 2 人（其中 1 人来自被并购企业）（女）；并购整合发生的分公司销售管理部副经理（来自被并购企业）1 人（女）；并购整合发生的分公司采购部业务人员（来自被并购企业）1 人（女）

① 该案例企业即第 2 章的 LMA 案例，但其分析视角和关键分析资料侧重点不同。

续表

案例企业	访谈时间	被访谈人基本信息
ZAG	2017 年 6 月，2018 年 1 月，2018 年 4 月	集团总部并购业务负责人 1 人（男）（访谈 2 次）；被并购企业综合管理部部长 1 人（女）；被并购企业财务部部长 1 人（女）；被并购企业营销总监 1 人（男）；被并购企业生产部部长 1 人（男）；被并购企业质量研发部部长 1 人（男）；被并购企业运营计划科科长 1 人（女）；被并购企业综合管理部 IT 科负责人 1 人（男）；生产部车间资深员工 1 人（男）

为了保证研究的信度和效度，本章研究运用了三角检验的方法来获取资料并将所获得的资料建立了档案库（Fielding N and Fielding J，1986；Patton，1987；Yin，2003）。具体在案例资料的获取上，如上所述，首先，本章研究从不同组织或者部门来获得并购整合的相关信息，如从了解该并购活动的资本管理公司、并购公司总部、发生并购整合的分公司及其不同部门来获得研究资料，这样可以交叉验证所获得的资料；其次，本章研究还从不同渠道获得资料，如从网络上获得二手资料，并从现场访谈获取第一手信息，还运用问卷法收集佐证资料，这样，能够使所得的资料相互补充并纠偏；最后，本章研究还利用长时段跟踪调研的方法来获得资料，如对 YAF 和 ZAG 案例就采用该种方法，这样可以获得更为详细的动态资料，有利于捕捉到研究所需的关键信息。总之，在案例资料的获取上，本章研究采取了多组织、多部门、多渠道及长时段跟踪的策略，保证了资料的交叉验证性，尽量减少了可能的偏差。在资料获取之后，本章研究及时将其整理成 Word 文档，建立了逐个案例的资料库，为后续分析和查验奠定了基础。这样，使得本章研究建立在良好的信度和效度基础之上。

4.3.3　资料分析

针对案例资料的分析分为三步：第一步针对 XAE 公司的整合过程，探索个体从角色身份凸显性到群体身份凸显性的转化以及对离职意愿的影响；第二步针对 YAF 公司的整合过程，探究个体从群体身份凸显性到角色身份凸显性的转化以及对离职意愿的影响；第三步则针对 ZAG 公司再次分析上述两个案例所聚焦的问题，以进一步确证上述案例的分析结果，旨在明确两种身份凸显性转化机理以及对离职意愿所产生的不同影响。

在分析过程中，针对案例的显性和隐性内容，主要采用质性内容分析技术（Berg，2001；巴比，2005），结合运用了直接思路和传统思路（Hsieh and Shannon，

2005），并针对个别案例辅助运用 t 检验技术分析问卷所获取的数据加以佐证。在对个体的角色身份凸显性、群体身份凸显性和离职意愿进行分析时，主要依据以往对其内涵的界定，采用直接思路的质性内容分析。例如，案例 XAE 公司在并购整合中，其个体由角色身份凸显性转化为群体身份凸显性，而根据角色/群体身份凸显性内涵可知（Brenner et al.，2014；吴小勇等，2011），如果案例资料显示个体角色身份被启动并将注意力和努力主要投放在岗位角色时，案例中个体体现了角色身份凸显性；当其随着情境的变化，体现为群体身份敏感并将注意力和努力主要投放在群体身份时，个体就由角色身份凸显性转化为群体身份凸显性。在对并购整合中角色-群体/群体-角色身份凸显性转化中的关键影响因素进行探索时，主要先依据传统思路的质性内容分析，即从原始访谈资料中发现相关线索；然后运用直接思路的质性内容分析技术进一步明确该因素。例如，在 XAE 并购整合案例中，研究先针对调研资料，对其显性和隐性内容进行分析，发现了能够表征群体相对剥夺感的线索；然后结合相对剥夺感的界定来进一步加以明确；最后辅助运用 t 检验技术分析问卷所获取的数据进行佐证。

1. 角色-群体身份凸显性的转化以及对离职意愿的影响——针对 XAE 案例的分析

1）并购背景

案例企业 XAE 成立于 2001 年，是一家上市的民营企业集团，以应用软件开发、计算机信息系统集成、信息技术服务、网络流控安全产品为主要业务，在全国拥有 60 多家分支机构，员工规模超过 8 000 人。该企业强调通过并购扩张和发展。在 2014 年底全资收购了在另一城市的高新技术软件民营企业 E 公司。E 公司于 2003 年创立，被收购时有 200 多人，年销售额为 1 亿多元，是一家研发投入大、拥有一批研发人员、发展势头好的软件服务生产企业。XAE 企业在对 E 企业收购之后，在 2015 年初签订了为期 3 年的对赌协议，即并购方 XAE 企业对被并购方 E 企业的人员不进行任何变革，E 企业有完全自主经营权，但要求其利润在 3 年间保持 15%的递增。2018 年 3 月该对赌协议结束，XAE 公司对 E 公司开始进行实质的整合。此时，E 公司员工约有 180 人，其中 20 人左右为管理人员，约 70 人为研发人员。

可见，2014 年底并购发生之后一直到 2018 年 3 月，XAE 公司虽然全资收购了 E 公司，但仅限于利润要求和财务上一些统筹控制，经营管理权仍然在 E 公司。由于 E 公司没有完成对赌协议中的利润要求，2018 年 3 月 XAE 公司开始进驻 E 公司，全力进行整合，采取了对应的整合策略。这些整合策略的实施对员工产生了极大的影响，使其身份感知发生了很大变化，进而产生了身份凸显性的转化问题。

2）身份凸显性转化及其影响

a. 角色身份的凸显

在并购之后的 3 年里，被并购方 E 公司拥有自主经营权，内部管理体系和管理岗位及其人员没有发生变化，因此，被并购企业的员工都各就其岗，沿着原来的运营路径行进。正如该公司人力行政部经理所描述的，对赌协议签订之后，公司老总还是原来的女董事长；两位副总也仍然是原来的，一位负责海外市场、财务、人力行政，另一位负责研发和产品。参与并购的资本管理公司总经理也明确道，"并购公司与 E 公司在并购后，签订了为期 3 年的协议，包含三个条件：一是指定财务管理人员远程负责被并购公司财务；二是 3 年内不能调整被并购公司员工；三是对被并购公司有逐年递增的业绩和利润要求"。这表明 E 公司在并购之后的 3 年里完全按照原来的运营体系运作，组织内部的岗位也没有发生变化。鉴于此，E 公司内部管理者和员工将注意力和努力都投放在组织内部的工作角色上，这正如该公司售后部经理所谈到的："从 2015 年初到 2018 年初，我们对公司拥有完全的经营自主性。我个人坚持'做好自己的本职工作，就是对公司最好的回报'。"根据身份理论以及身份凸显性的相关界定可知，案例企业员工稳定启动着基于岗位的角色身份，并将关注主要聚焦在此，即凸显了稳定的基于岗位的角色身份（Desrochers et al.，2004；Stets and Burke，2000）。

由此可见，在并购之后，首先，E 公司仍然保持了原有的运作体系和岗位配置；其次，公司内部个体嵌入原有岗位，没有过多关注并购双方群体关系，其基于岗位的角色身份一直被启动和保持。换言之，员工体现出基于原组织岗位的角色身份凸显性。

b. 角色身份凸显性丧失以及相对剥夺感产生

随着对赌协议的结束和整合的推进，被并购企业 E 公司员工角色身份凸显性丧失，并相继产生了相对剥夺感。

E 公司在 3 年对赌协议结束之后，没有完成协议中所要求的指标。正如该公司总经理所陈述的："对赌协议年，我们在生产上达到了高峰，销售额有一个亿，但是 2017年就逐渐下滑了。业务在萎缩，双方磨合不好，这是并购前看不到的一些东西。"在此情境下，并购方 XAE 公司就采取了如下整合措施：①从总部直接派来新的年轻老总接管被并购公司，派来财务管理人员审核和接管被并购公司财务；

②裁掉没有很好发挥作用的软件开发人员约20人；③对被并购公司进行财务冻结。同时，新派来的老总与被并购公司的董事长和总经理及其相关核心人员进行了非对等沟通，即重点扶持负责研发和产品的副总及其相关人员，而冷落负责内部管理和海外市场的另一位副总以及该公司的原董事长。E公司负责内部管理和海外市场的总经理就强调“原来的董事长被挂起来了”。这样的策略，使得被并购公司员工没有安全感和公平感，同时认为并购公司总部在“搞帮派”。这正如E公司人力行政部经理所言：

“公司总部派来的年轻老总刚来不久，也做了很不好的事情。他们不去找公司董事长和负责内部管理与海外市场的总经理，而是重点扶持分管研发和生产的副总。因为他们认为他不好替代，是核心。这样，分管研发和生产的副总就大张旗鼓找研发人员和核心人员谈。给他们的条件是，只要跟着他和总部干，就可以上调工资和奖金，还宣扬说如果不跟着他干，公司会破产。XAE来了就搞帮派，很伤人。”

首先，这种认知使被并购企业员工丧失了原来所凸显的基于岗位的角色身份。被并购公司原董事长助理就陈述道：“我们公司比较扁平化，总体上，目前管理层与员工的状态比较类同，都有些人浮于事。”人力行政部经理也感慨地说：“目前公司一大半人都没有在工作状态，大家有点离心离德，没有共同目标。我觉着公司目前的局势很糟。”这表明并购方进驻E企业并推行整合之后，E企业员工将注意力和努力从投放的岗位上转移到当前的局势上，角色身份凸显性消失殆尽（吴小勇等，2011）。其次，这使得被并购企业员工产生了基于群体的不公平感，进而产生了气愤情绪。被并购公司分管内部管理和海外市场的总经理就抱怨“派来的这位新董事长是XAE董事长的外甥，目前也是13家子公司的董事长”，“并购公司是一家家族企业，内部没有机制和规则”，“我们目前派了两个人在总部跪求财务签字”。该副总充分表达了被总部非平等对待的感受，也表达了指向并购方及其总部的愤怒之情。人力行政部专员也说道：“总部说我们公司的花木和所养的鱼应该归于个人喜好，要全部取消。但是，我认为这是企业文化，不是个人偏好。我觉着目前这种管理是一种偏执！”该工作人员明确表达了其对并购方及其总部不满。售后部经理也总结道，“他们（并购方）不够尊重我们。这体现在如下两个方面：一是人事调整大，调整得过于粗暴简单；二是在整个公司战略规划上，没有给出明朗信息”。总之，被并购企业员工普遍并明确表达了其对整合的强烈不满。

根据Smith等（2012）、Smith和Pettigrew（2015）的观点，上述被并购企

业的员工在角色身份凸显性丧失之后，产生了基于群体的相对剥夺感。相对剥夺是个体的一种判断，即与相关参照人或者群体进行比较，某人或者某人的内群体处于不利地位这样一种判断；该种判断会唤起愤怒、愤恨或者索要权利资格等情绪（Pettigrew，2015；Pettigrew et al.，2008；Smith et al.，2012）。其被分为个体相对剥夺和群体相对剥夺，前者是作为一个独特的个体与一个参照个体比较的产物；而后者则是个体的内群体与参照群体比较的产物（Smith et al.，2012）。上述被并购企业员工在对赌协议结束、总部派驻人员之后，认为并购方在搞帮派、管理偏执、调整粗暴，产生了相对于并购方群体而处于不利地位状况的判断和感知，并继而唤起了基于群体的气愤之情，普遍对并购方及其总部产生了不满和愤怒情绪。由上述定义可以，被并购方 E 企业员工的群体相对剥夺感产生。

为了进一步检验该阶段员工群体相对剥夺感的产生及其程度，本章研究在进行访谈的同时，针对 E 企业 9 位管理人员及其 36 位下属进行了关于其相对剥夺感（包含个体相对剥夺感和群体相对剥夺感两个因子）的问卷调查，问卷测量是在 Tropp 和 Wright（1999）、Cho 等（2014）所使用量表的基础上而形成的各有 3 个条目的两因子量表。这 9 位管理人员皆来自被并购 E 企业，年龄都在 21~40 岁，其中 8 位为中层管理者、1 位为基层管理者，5 位为女性；其中的 7 位为本科学历，其他为专科学历；在公司工作时间为 4~9 年的占比 77.8%。就 36 位下属而言，男性与女性各占 50%，其中 35 位的年龄都在 21~40 岁，24 位的学历都是专科或者本科，在公司工作时间为 1~6 年的占 91.7%。个体相对剥夺与群体相对剥夺的 Cronbach 的内部一致性系数分别为 0.776 和 0.942；验证性因子分析表明二因子模型拟合系数好（CMIN/df=2.705，CFI=0.905，IFI=0.913，RMSEA=0.221）。本章研究对其进行的配对 t 检验结果显示，管理者的群体相对剥夺感（M=4.370 4，SD=0.654 99）显著高于其个体相对剥夺感（M=3.333 3，SD=0.912 87），t 值为 3.630（p=0.007）；下属的群体相对剥夺感（M=3.781 2，SD=1.211 09）同样显著高于其个体相对剥夺感（M=3.291 7，SD=1.086 74），t 值为 2.974（p=0.006）。可见，E 公司管理者及其下属的群体相对剥夺感皆较高，并且都显著高于其个体相对剥夺感。由此也可以进一步推断，E 公司成员此时段产生了较高的群体相对剥夺感。

c. 群体身份凸显性增强及其对离职意愿的影响

当被并购企业员工角色身份凸显性丧失、群体相对剥夺感产生之后，群体身份凸显性急剧增强，进而产生了较强的群体导向的离职意愿。

被并购企业的人力行政部专员就强调："在整合过程中，感觉总部对我们不信任，感觉还是分开的，他们还是他们，我们还是我们。"她还进一步指出："员工们流传着这样的信息——'总公司要来挖空我们，然后就不管了'。"被并购公司原董事长助理也强调："他们（并购方）太有官气，不那么平等对待我们。"人力行政部经理则强调："我们老板（E 公司原董事长）做事是有情怀的，只要她在，我们 E 公司就会安全。"她还说道："我们上周就有几个员工离职，他们都是软件开发人员。我们很多员工在这里都是冲着老板（原被并购企业董事长）的人格魅力的，其实，工资也不是特别高。"由此可见，在感知到相对于并购方的不利境况并产生不满情绪之后，即群体相对剥夺感产生之后，员工强化了并购双方的差异和距离，并通过在过程中将自己与并购方人员的比较、与自己原公司管理者（现状）的比较，将自己归于被边缘化的 E 公司群体，怀念并努力维系原公司老板和组织的地位，进而致使被总部边缘化的内群体凝聚力快速增强。同时，对并购方怀有不满甚至敌意的群体情绪更加一致和高涨。在此种情况下，群体身份被强烈激活，群体身份凸显性急剧上升（Hogg and Terry，2000；Stets and Burke，2000）。员工的注意力和努力由投放在岗位角色上转化为投放在群体关系和群体身份上，即角色身份凸显性转化为群体身份凸显性。

员工从角色身份凸显性转化到群体身份凸显性之后，继而出现了群体导向的离职行为和离职意愿。人力行政部专员说道："今年春节之后到现在，离职的员工有 20 多位了。主要原因是个人发展不明确，都比较喜欢以前的老板。"售后部经理也说道："我们能够理解企业要以利润为准，但要平衡，这也是企业文化的一个方面。我们售后 10 多人对公司目前情况有所了解，都挺难以接受的。"他还陈述道："我也在观看，也有些想离开这个公司。"人力行政部经理指出："我们很多员工都有离职意愿，我觉着新来的董事长太傲娇，最好是我们原来老板回来。"她还进一步明确道："我就对公司没有信心了，先看看，如果外面有合适的机会，我也会走。"可见，很多员工作为被并购方这一群体的群体身份被激活，并严重凸显，进而产生了普遍的离职行为或者离职意愿。

3）小结

由上分析可见，在并购整合初始阶段，案例企业所签订的对赌协议使被并购企业员工具有稳定的角色身份凸显性；但在对赌协议结束之后的实质整合阶段，发生了被并购方员工的身份凸显性的急剧转化，即从角色身份凸显性转化为群体身份凸显性；在该过程中，员工的群体相对剥夺感扮演着关键的催化剂角色；该身份凸显性转化导致了群体离职行为或者群体离职意愿，具体结论如

图 4.1 所示。

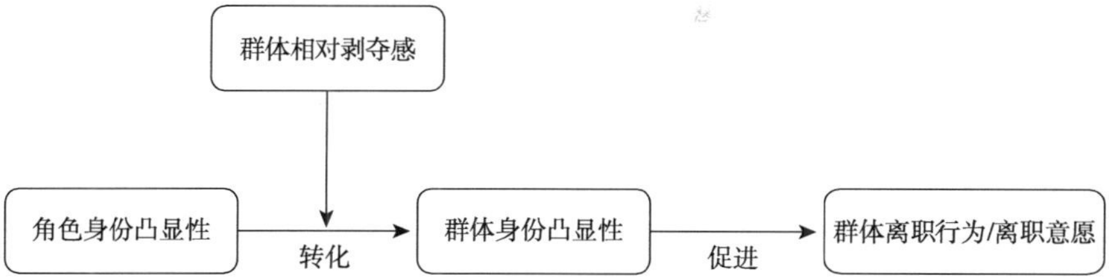

图 4.1 角色–群体身份凸显性转化以及对离职意愿的影响

2. 群体–角色身份凸显性的转化以及对离职意愿的影响——针对 YAF 案例的分析

在对角色–群体身份凸显性转化以及对离职意愿的影响进行探索之后，针对第二个案例 YAF 进行分析，旨在揭示群体–角色身份凸显性转化以及对离职意愿的影响。

1）并购背景

YAF 公司是一家规模接近 15 000 人的从事制造业的民营企业集团，成立于 1968 年。目前该企业拥有 3 家上市公司、多家控股和参股公司，总资产超过 120 亿元，连续多年入选中国企业 500 强。AF 公司是 YAF 集团的三家上市公司之一，共有 1 000 多人，其中车间约有 600 人，销售有 100 多人，研发人员有 20 多人。该公司旨在专做黄酒，并在产业中做大。目前其是黄酒行业中销售量第二、出口量最大、利润最好的公司。其品牌在黄酒行业中属于第一线品牌，产业线丰富；公司产能强，可以整合资源进一步扩大产量。F 公司地处 AF 公司附近地区，规模不是很大，有 120 多人，同样生产黄酒。其生产比较散，产品有几百个，但是，其产品较佳，包装做得好，主要做礼品包装性酒，并基于电商运营。其在黄酒品牌中虽然属于第二线品牌，但有其价值。该企业有意向出售，AF 公司为了进一步整合资源、扩大产能，就于 2016 年 9 月收购了 F 公司，控股为 100%。

在收购之后，AF 公司将 F 公司的所有人员全部整合过来。人员整合分为两个阶段：一是从 2016 年 9 月到 2017 年 3 月，AF 公司先派遣一批人到 F 公司帮助管理和梳理；二是从 2017 年 4 月开始，将 F 公司的所有人员全部搬迁到 AF 公司，与并购企业的员工一起工作。在经过两个阶段的整合以及对应策略的实施之后，被并购企业 F 公司的员工实现了从群体身份凸显性到角色身份凸显性的转化。

2）身份凸显性转化及其影响

a. 群体身份的凸显

在并购之后的整合初期，由于并购双方产生和发展于不同的环境，存在制度和文化的差异。双方在制度上的差异正如 AF 公司人力资源与企业管理部经理所描述的："F 公司那边松散点，我们这边则在各方面要求更严。我们在管理上更加符合国家规定、更严谨；F 公司那边更灵活。例如，生产上来不及，他们就会让所有人员，包含行政人员，都下车间帮助工作；又如，有些人年龄很大了，没有严格规定退休年龄。"公司人力资源与企业管理部副经理进一步补充道："他们那边随意性大，有时间就多做；而我们是按照排班生产的，我们有计划、有安排、有规矩。"双方在行为习惯上同样存在差异，AF 公司人力资源与企业管理部一位较为资深的人事专员就此陈述道："我感觉 F 他们的行为风格与我们不一样。比如，我们对着装工作服和形象有严要求，上班必须穿工作服。刚开始，他们不太注意这方面，比较随意。"来自被并购方 F 公司、目前任 AF 公司销售管理部副经理和采购部业务人员的两位女性员工都强调"这边制度严""这边更有纪律性"。另外，来自被并购企业、目前为 AF 公司人事专员的女性员工还进一步指出了并购双方的文化差异："在 F 公司，老板与职工距离近些，对于职工活动，老板参与得多些，如一起打球、一起聚会；这边阶层感明晰，高层其实不太参加工会活动。就工作而言，这边的工作深度更深，其人事档案建立全。"

由此可见，并购双方在管理制度和行为及互动习惯上都存在不同之处。被并购方随意、灵活，并购方严谨、规范。根据社会身份理论（Ashforth and Mael，1989；Hogg and Terry，2000；Stets and Burke，2000；Turner et al.，1987），在整合初期，这种文化和制度上的差异会使员工感知到非常明显的社会群体类别的印迹。来自被并购方的现任人事专员陈述了如下感受，"我刚开始来时，会自我感觉低人一等，也会有不公平感"。被并购方员工会更容易基于这些差异将自己归为 F 群体，而将 AF 员工归为 AF 群体（Tajfel and Turner，1979）；并进一步将并购双方群体进行比较，进而产生自我的群体归属，使得群体身份凸显（Brown and Hewstone，2005）。原来自 F 公司的现任人事专员就强调当被并购方员工面对上述差异时，会有如下感觉和行为：

"有些人会觉着在 F 公司好，他们会觉着 AF 这边规矩太多。他们原来自由惯了，就会产生抵触心理。当出台一个政策或者遇到一个办事程序时，就会有故意针对他们的心理。他们有的适应慢，实在不舒服，就会私下找原来同事吐槽和抱怨。从某种程度上，大家会觉得都是 F 公司来的，食堂吃饭也会自动坐在一起。”

来自被并购企业 F 公司的现任销售管理部副经理也有类似的描述，“2017 年 4月刚开始过来时，都是 F 公司员工坐在一起吃饭，AF 公司员工一起吃饭”。可见，在整合初始阶段，被并购方员工非常强调并购双方的差异，并因为感知到该差异而突出了群体关系的敏感性，进而自动寻求 F 群体的归属感，使得群体身份凸显性加强。

群体身份得到凸显之后，相继出现了群体离职现象。来自被并购方的现任人事专员对员工离职情况很了解，介绍道：“F 公司行政管理人员共来了 10 多个，已经离职了 5 个了。离职的原因主要是无法适应这边的工作节奏。这边规矩多，工作节奏也快。离职中有的人说：‘不适应待在这里，与这边的是两路人。’”来自被并购方的现任销售管理部副经理也陈述道：“F 公司来了 20 多位销售人员，共走了 5 个 30~40 岁的人。最主要的原因是制度和文化适应问题，他们很难适应，可能去别的公司做会更自由，因此就走了。”

b. 群体身份凸显性的弱化以及个体公平感的产生

并购方 AF 发现被并购方的内群体导向现象以及群体离职问题之后，及时采取了相应措施：①强调基于岗位要求的重新统一安排，即强调不贴标签、人–职匹配、基于岗位能力的人员整合和安置措施。这正如 AF 公司人力资源与企业管理部经理所言：“当然整合过程中，也有困难。例如，有个别岗位，我们饱和了，他们来了，就必须考虑是减少我们还是他们。结果是有的减少了我们的，有的则减少了他们的。主要还是基于其岗位能力。”②推出整合过渡策略，即针对被并购方员工的实际情况，在考核上专门制定过渡策略。例如，针对并购方销售人员的考核，其管理指标为 20%；而考虑到被并购 F 公司来的员工短期内无法适应严格的管理制度，因此其管理指标仅占 10%。这让被并购方员工有一个缓冲和适应期。③高层介入促进互动和融合。例如，AF 董事长发现并购双方员工在吃饭等工作之余的活动中各找原来的群体，就召开协调会议，要求中层管理者和双方员工积极互动，构建团结氛围。高层还承诺，在能力均衡的情况下，即使裁掉 AF 公司的人员，也不会裁掉 F 公司的员工。

在强调并落实上述策略之后，员工的群体身份凸显性问题得到缓解，同时产生了公平感。这正如来自被并购方 F 公司的现任人事专员所言：“就我目前所受到的待遇，应该还是公平的。因为不管哪里来的员工都是基于岗位能力的，不会在你身上贴标签，不会贴上你是 F 公司来的标签。”来自被并购方 F 公司的现任销售管理部副经理也提到：“刚开始，我自己也不愿来 AF 公司，后来发现只要你有能力、有想法，就会被重用的，就感觉挺好。”来自并购方 AF 公司的另一现任人事专员强调：“F 公司来的员工给大家很多正向影响。主要是由于我们环境公平，如 F 过来的人认真做事情，就会给平台和机会。这样就容易发现那些认真做事情的人，也能够使他们得到发展。”由此可见，在特别强调基于岗位能力的公平环境中，被并购方员工的群体身份的凸显性在很大程度上得到弱化；同时，被并购方成员在与并购方人员以及新组织其他周边人员进行比较的过程中，感受到新组织所创设的公平环境和氛围，产生了个体公平感（Adams，1963）。来自被并购方的现任销售管理部副经理对此进行了概括：“总体上，在并购后，在制度和薪资上都变好了。我们 F 公司这些过来的人都保留了评级职位，薪资高了，待遇公平。”个体公平感的产生进一步促进了基于后并购组织岗位的角色身份的凸显。

c. 角色身份凸显性的增强以及对离职意愿的影响

根据身份理论，当并购整合中员工个体身份与新组织中工作角色相关行为和关系联系在一起时，角色身份就得以形成，并可能得以凸显（McCall and Simmons，1978；Stryker，1968；Stryker and Burke，2000；Stets and Burke，2000）。如上所述，在案例企业 YAF 中，被并购企业员工在群体身份凸显性减弱并产生了个体公平感之后，基于工作岗位的角色行为和角色关系被聚焦。来自被并购方的现任采购部业务人员表述道，“由于我原来在 F 公司那边做采购业务，过来仍然负责相关品牌包装的采购业务”，“我感觉这里比较满意。部门同事乐观，好相处。例如，我在工作中遇到问题，与同事就有商有量。我也感觉到这里后，状态都变得更好。因为我觉着这边更有纪律性”。该业务员嵌入并满意新工作角色和关系。另外，来自被并购方的现任销售管理部副经理还强调：“这边职责、岗位和分工更明确；F 公司那边则做得杂，我除了做销售外，还做一些行政事务，如生产上的一些事务，也会参加一些饭局，陪客户吃饭。”她还说：“这边可以学到东西、视野更广，也更有发展。总体上说，工作上变得更好了，工资高，待遇提高了，下属人员都将我当成真正的副经理来看；但在 F 公司那边时，即使我是销售管理部经理，他们也将我当成黄毛丫头来看。”可见，该副经理明显更加满意现有的工作角色和角色关系，其工作角色身份得以凸显。

在基于岗位角色和角色关系的角色身份形成和凸显之后，被并购企业员工慢慢产生了对新组织的归属感，大大降低甚至消除了其离职意愿。来自被并购方的现任采购部业务人员就说：“目前，我与来自 F 公司的生产员工接触多，他们没有什么抱怨。”来自被并购方的现任人事专员概括道，“慢慢在变好。变好的原因如下：①这里有规范的制度。在规范的制度下，慢慢发现和感到大家都是基于岗位和能力的。②如果员工有诉求，都可以提，在制度下都可以得到满足。这样就容易产生归属感。③这里的工资福利待遇好，尤其是福利好”。在规范、诉求满足、工资福利待遇好的环境中，员工对新组织的归属感提升，组织角色身份进一步凸显，离职意愿继而降低或者消失。这正如 AF 公司人力资源和企业管理部经理所言："并购一年多了，在公司工作的 F 公司那边的人还有约 100 人。”他还强调："总体上，整个整合过程比较顺利，业务是发展导向的。”

3）小结

概括针对 YAF 案例的分析结果，可以发现，在整合过程中，由于并购双方的文化差异，员工产生了群体身份凸显性，但是，后续发生了身份凸显性的转化，即从群体身份凸显性转化到角色身份凸显性；在该转化过程中，员工的个体公平感发挥着重要的促进作用；该转化能够降低甚至消除员工个体的离职意愿。具体分析结论如图 4.2 所示。

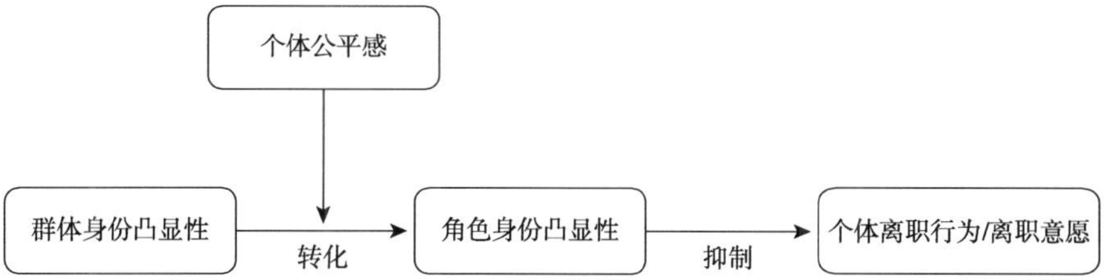

图 4.2　群体–角色身份凸显性的转化及其对离职意愿的影响

3. 角色–群体–角色身份凸显性的转化以及对离职意愿的影响——针对 ZAG 案例的分析

为了进一步确证上述案例的研究结论，本章研究选择了能够同时体现角色–群体身份凸显性转化和群体–角色身份凸显性转化的案例 ZAG 加以分析。

1）并购背景

案例企业 ZAG 成立于 1989 年，是一家从事铜加工、教育和健康产品生产的国际化大型民营企业集团，是中国民营企业 500 强中的一员。目前拥有约 1.9 万名员工，总资产达 700 亿元。被并购企业 G 公司成立于 1995 年，原是一家芬兰知名大型跨国企业与我国集体企业合资的企业，主要从事铜开发和加工；在 2005 年被北欧基金 100%收购，成为外资企业。该公司拥有员工约 600 人，是一家强调以人为本的非常成熟的外资企业，在铜管生产上占据中国的高端市场。

ZAG 企业在铜加工业发展战略上，努力整合中国市场和东南亚市场，并进军欧美。为此，ZAG 集团公司于 2017 年 4 月全资收购了 G 企业。鉴于 ZAG 的该并购活动与其发展战略非常匹配，因此需要有效全面整合被并购 G 企业。但是，在并购消息正式宣布之后，被并购 G 企业的员工身份凸显性发生了两次转化，即从角色身份凸显性转化为群体身份凸显性，再从群体身份凸显性转化为角色身份凸显性，并对其离职（意愿）产生了不同影响。

2）角色–群体身份凸显性转化以及对离职意愿的影响

当被并购 G 企业正式宣布了并购消息之后，该企业员工从基于原来岗位的角色身份凸显性迅速转化为基于被并购组织的群体身份凸显性，并引致了群体诉讼事件和一些员工的先后离职。

a. 基于原来岗位的角色身份凸显性

被并购 G 公司在 2016 年 11 月正式宣布了并购消息。在并购消息宣布之前，该公司是一家浸润北欧文化“幸福工作，幸福生活”（happy work，happy life）的以人为本的外资企业，薪酬很好，给员工很多培训，也非常尊重员工。该企业也是当地政府认为和树立的典范企业。公司管理者和员工也都很有职业精神。这正如 IT 科负责人所言：“大家都各司其职。各司其职是外资企业特别强调的。”公司成员在各自岗位上敬业工作，基于岗位的角色身份凸显性得以充分体现，即人们将注意力和努力投放在自己的岗位角色及其关系上（吴小勇等，2011；Brenner et al.，2014）。

b. 群体相对剥夺感的产生

然而，在并购消息宣布之后，G 公司员工从原来离职到并购企业 ZAG 工作的员工等处获得一些消极信息，如并购方管理粗暴、薪酬低、实行计件制等。大家感到落差非常大，难以接受由一家“管理落后”并可能有“剥削导向”的民营企业来接管。这正如该公司财务部负责人所描述的：“公司有些人会感觉接受难，最大落差就是从外企变成民营。原来这个企业是好，福利待遇也好，在这里工作有种骄傲感；员工会认为民营就是压榨的。”因此，员工感到未来境况会变得很差，进而产生了气愤情绪。该情绪通过年底聚餐过程的食物中毒事件得以体现。该公司综合管理部部长告知：

“2016 年 11 月公司正式宣布了并购消息。2016 年底，公司组织例行的年底聚餐，出去到一家酒店聚会吃饭。结果很不巧发生了食物中毒，有 30~40 人中毒。这件事情成了导火索，听到并购信息感到落差大的员工们散布信息说是故意让大家食物中毒的。后来，我们有明确证据查到是酒店责任，给员工做了解释，但是，员工还是继续组织，做了一些动作。”

由此可见，在并购信息宣布之后，员工产生了群体相对剥夺感，即他们将先前在外企的有利境况与他们感到并购之后可能的不利境况进行了对比，尽管并购之后可能的不利境况仅仅是他们基于部分传递来的不确凿信息而感知的，他们仍然产生了群体相对剥夺感。根据 Smith 等（2012）的观点，群体相对剥夺感也可以基于他们所在群体过去与现在或者未来的比较而产生，具有较强的主观感知性。

c. 群体身份凸显性的产生以及对离职（意愿）的影响

群体相对剥夺感产生之后，员工们体现出明显的群体身份凸显性，制造了集体诉讼事件，一些员工还先后离职。

在 2016 年底聚餐事件之后，首先，员工们组织起来要求公司给他们保障，要求签订两年内不变更薪酬和福利的协议。有 100 多名员工签名还请了律师，提出了诉讼申请。其次，2017 年 3 月员工正式进行了集体薪酬和住房诉讼，要求保障他们的利益。该公司综合管理部部长告知：“我们那时一天 24 小时不敢关手机，很害怕有临时紧急电话，都处在解决问题的一线状态。还好，我们与当地政府积极沟通，都处理及时，摆平了，比较稳定了。”由此可见，G 公司员工在产生了群体相对剥夺感之后，将注意力和努力投放在群体身份上；他们彼此团结和支持，在自我上产生了强烈的群体归属，将他们自己视为可能会受到不利影响的被并购群体，将企业决策者视为并购方的代言人，群体身份得以凸显（Brown and Hewstone，2005），他们通过集体诉讼表达出不满被民营企业收购的群体力量。

群体身份凸显性现象产生之后，相继促进了员工群体导向的离职。在 2016 年底，销售部有 1 名销售人员离职；在 2017 年初，信息中心亚洲区总监离职，其中 1 名业务人员也离职；在 2017 年 4 月底正式交割之后，运营计划科总监也离职。他们离职的原因一般都是“感到不适应，习惯外资企业的氛围，或者更喜欢外资企业氛围”。可见，基于群体过去境况与将来可能境况比较的群体相对剥夺感使员工从角色身份凸显性迅速转化为群体身份凸显性，该转化进一步促进了群体导向的离职。

3）群体–角色身份凸显性转化以及对离职意愿的影响

并购方企业 ZAG 在 2017 年 4 月底正式收购 G 公司之后，要尽快有效整合该被并购企业。面对员工群体身份凸显以及群体导向的离职等情况，ZAG 企业采取了一系列的整合策略，较快地将被并购企业员工的群体身份凸显性重新又转化为角色身份凸显性。

ZAG 在整合上，首先，任命沟通能力强、管理经验丰富的总部大客户销售经理为被并购 G 公司的新总经理。该总经理为被并购企业的管理者和员工广泛接受和认可。这正如运营计划科的负责人所言："总部派来的老总挺和蔼的，给压力但也给动力；给我们总部的目标，也常与我们沟通，问难处，问情况；我们提出福利待遇提升要求，他都挺支持的。并购前，我们与部门总监都偶尔见面，很少说话；现在我们就会直接与老总沟通。"其次，大力投资该公司的生产，促进公司绩效提升。并购初始阶段，被并购方员工都存在不确定感。例如，员工担心工厂是否会搬走，是否会被再次卖出；并购公司就用对被并购公司生产的切实投资和支持来打消这种不安定感。运营计划科负责人强调："在并购后，总部给了设备支持，投资了几千万（元）；给订单支持，如果这边订单不够，总部会协调一些过来。"财务部负责人告知了具体相关数据："ZAG 收购之后，看重我们的技术、销售和人才，就继续投资了三千万元，产量比原来提升了 40%。这就克服了工人的不安定感。"最后，充分尊重被并购方。ZAG 公司在整合过程中充分尊重 G 公司的文化、制度和人员，努力保留并发挥其优势。G 公司的优势是管理、人才和产品品质高端。被并购企业营销总监告知："ZAG 很注重并购策略，他们很客气，说带着仰慕来的，他们姿态放得比较低；他们也很注重平稳过渡，并购之后，原有的体系和人员都在良好运行。"G 公司综合管理部部长也明确道："总部新派来的老总很尊重我们原有的文化，保留了原来的五险一金、加班费、高薪酬、手机费补贴等。他还经常采取平衡策略，即在总部的要求与我们原有文化、管理和状态以及要求之间进行平衡，他经常站在我们的角度考虑。"在并购之后，公司几乎保留了被并购企业的所有部门和主管，还承诺和制定了针对公司核心人员的激励政策，很好地稳定并激励了核心管理和技术人员。这正如运营计划科负责人所言："目前，感觉中层以上的管理者像打了鸡血一样，很积极。"

在采取上述系列策略之后，被并购 G 企业管理人员及其所带动的下属人员感到了被尊重和满意，产生了较强的公平感。被并购公司财务部负责人说道："相比于并购前，我感觉 ZAG 有个很好的地方，就是劳有所得，这方面比原来要好。"运营计划科负责人也告知："对比并购前后的收入，也没差多少。虽然我工资没有涨，但我有了发展机会，因此，我总体还是满意的。”被并购企业质量研发部部长也进一步强调：“与 ZAG 其他分公司相比，我觉着我们公司受到了尊重；与并购前相比，我觉着受到了公平对待。”总之，G 公司人员在正式被并购之后，普遍感受到并购方对其的尊重；个体对比并购前后的境况，也普遍产生了公平感和满意感（Adams，1963）。

这种公平感促进了其基于岗位的角色身份凸显性的回归，进而减弱甚至消除了个体的离职意愿。G 公司综合管理部部长告知：“新来的老总很理解和尊重我们，还问总部要了奖金给核心员工。我们也都很有职业精神，也努力配合总部要求；自己要尽快适应，然后对下吹风，让他们变化并适应。”她继续说道：“目前我们公司离职率还是低的，今年（2017 年初到 2018 年初）总体离职率为 5%。”G 公司财务部负责人也讲道：“并购后，业绩提升很快。员工目前（2018年 4 月）比刚并购时情绪好多了。我觉着如果这个股东让我发展得更好，我接受并喜欢这个改变。”营销总监明确表示 G 公司销售团队也相对稳定，目前为止仅有去年年底离职了一位员工。IT 科负责人也说：“目前，大家都各司其职。我们知道我们是 ZAG 的一分子。”G 公司研发部部长坦诚地告知：“从个人角度，我关心收入，并购前后没有什么变化。在这个环境中，我能发挥特长，做自己擅长的事情，就挺满意。我现在没有离职意愿。”可见，在基于并购前后对比而产生了公平感之后，被并购企业员工接受并喜欢这次变革，积极扮演自己的新岗位角色，配合总部进行整合。这样，员工淡化了原来的群体身份，将个体身份与岗位角色紧密结合，角色身份凸显性回归（Stryker and Burke，2000；Stets and Burke，2000）；继而，群体导向的离职问题得到解决，员工队伍稳定，其离职意愿几乎消除。

4）小结

概括该案例分析，具体发现：在 ZAG 并购整合案例中，被并购方员工经历了两次身份凸显性转化，即从基于原来岗位的角色身份凸显性转化为群体身份凸显性，再从群体身份凸显性转化为基于并购后岗位的角色身份凸显性；前一转化过程的关键催化因素为基于对比并购前境况与并购后可能境况而产生的群体相对剥夺感，后一转化过程的核心影响因素是基于对比并购前后实际境况以及并购双方境况而产生的个体公平感；角色–群体身份凸显性转化导致集体事件和群体导向的离职，群体–角色凸显性转化则显著削弱了人们的个体离职意愿，稳定了员工队伍。具体如图 4.3 所示。

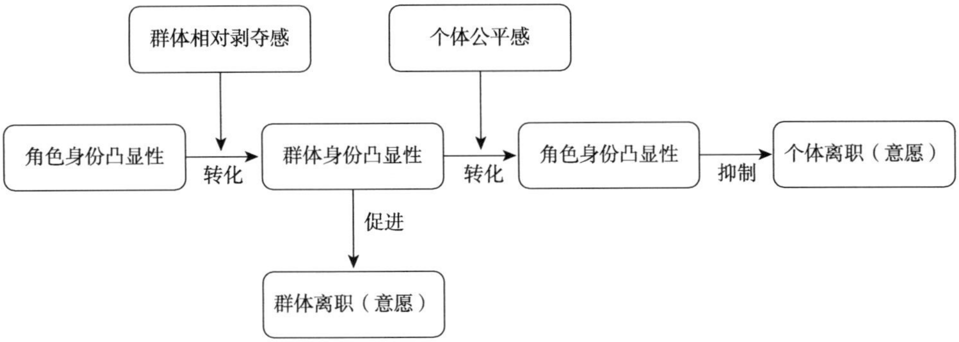

图 4.3 ZAG 案例分析结果——两次身份凸显性转化以及对离职意愿的影响

4.3.4 三案例分析总结

概括上述三个案例的研究可以发现：①XAE 整合案例和 ZAG 整合案例中的并购信息从宣布到正式交割阶段，从组织角度体现了一个从稳定到并购双方群体冲突产生的过程（在 ZAG 案例中，被并购企业员工将自己视为被并购群体，将被并购企业决策者视为并购群体的代言人）；从个体角度，是一个从角色身份凸显性到群体身份凸显性的转化过程。YAF 整合案例和 ZAG 案例中的正式交割后的整合阶段，从组织角度则表征了一个消解并购双方群体紧张和冲突的过程；从个体角度，其是一个从群体身份凸显性到角色身份凸显性的转化过程。②在两种不同身份凸显性转化中，存在各自的敏感影响变量。在角色–群体身份凸显性转化过程中，群体相对剥夺发挥着至关重要的促进转化的作用，群体相对剥夺可能产生于被并购方与并购方境况的对比，也可能产生于被并购方群体的并购前后可能境况的对比；而在群体–角色身份凸显性转化过程中，个体公平感则扮演了关键的转化促进者角色。③两种不同的身份凸显性转化对离职意愿产生了不同影响。角色–群体身份凸显性转化引发群体离职行为或者群体离职意愿；而群体–角色身份凸显性转化则会抑制个体离职行为或者离职意愿。

总体来看，从角色身份凸显性到群体身份凸显性的转化实质上是将个体态度/行为/力量聚合为游离组织的群体态度/行为/力量的过程，个体的群体相对剥夺感是该过程的关键催化剂；从群体身份凸显性到角色身份凸显性的转化实质上是将群体态度/行为/力量离散为嵌入组织的个体态度/行为/力量的过程，个体的公平感是这一过程的重要催化剂。概括而言，两种身份凸显性转化体现了内化在个体自我概念中的个体与群体之间的彼此跃动，体现了个体导向与群体导向相关因素的彼此互动，体现了个体力量与群体力量的彼此转换。该对比分析结论具体见图 4.4。

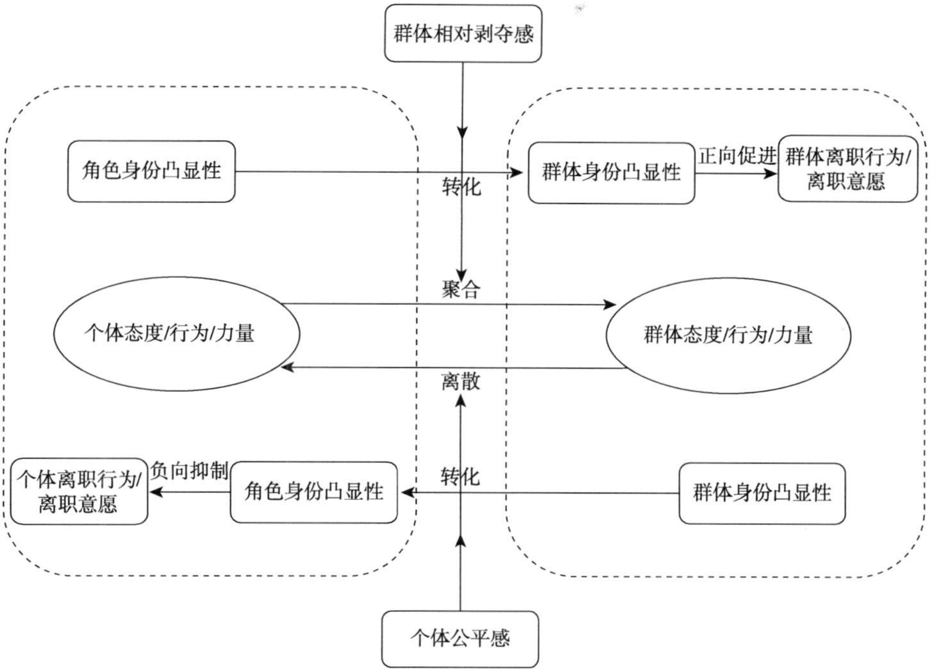

图 4.4　三案例分析结果

实线框中内容为相关概念或者变量，左、右两个虚线框中内容分别为个体导向的概念或者变量、群体导向的概念或者变量

4.4　结论与讨论

4.4.1　关键结论

本章研究通过针对三个并购整合案例的分析，揭示了两种身份凸显性转化的内在机理以及对离职意愿的影响。概括研究发现，主要得出如下结论。

（1）在并购整合中，员工角色身份凸显性能够转化为群体身份凸显性，员工相对剥夺感是该转化过程中的重要催化剂，该转化会促发群体离职行为或者群体离职意愿；员工的群体身份凸显性也能够转化为角色身份凸显性，员工个体公平感则是该转化过程中的关键催化剂，该转化会抑制个体离职行为或者离职意愿。

（2）在并购整合中，员工角色–群体身份凸显性转化实质上是个体态度/行为/力量聚合为群体态度/行为/力量的过程，该过程通常会导致并购双方的群体对立或冲突；员工群体–角色身份凸显性转化实质上是群体态度/行为/力量离散为个体态度/行为/力量的过程，该过程通常会提升并购双方的组织嵌入性。

4.4.2 理论意义

本章研究将强调群体与群体关系的社会身份理论和强调角色与角色关系的身份理论相结合，揭示了并购整合中角色–群体/群体–角色身份凸显性的转化及其对离职意愿的影响。首先，本章研究通过这种基于理论结合的深入分析，推进了以往沿着社会身份理论所强调的群体关系思路下的并购离职问题研究，进而贡献于并购离职领域的研究文献。后并购组织是由来自并购双方的不同群体构成的，并且通常会笼罩着征服氛围（Hirsch，1986；Haspeslagh and Jemison，1991），为群体关系及其影响的研究提供了肥沃土壤（Giessner et al.，2016；Hambrick and Cannella，1993；颜士梅，2011，2012）。以往不少研究者沿着群体关系思路，分析了后并购中员工离职问题。例如，Hambrick 和 Cannella（1993）、Ranft 和 Lord（2000）、Ahammad 等（2012）、郭文臣和肖洪钧（2011）、颜士梅等（2013）就分析了后并购中员工所感知的相比于并购另一方的相对地位对其离职意愿的影响；而 Lee 等（2013）、Cho 等（2014）则探究了后并购中员工相对剥夺感对其离职意愿的正向预测作用。然而，以往这些研究虽然强调感知到的群体关系对离职意愿的影响，却欠缺就员工角色或者角色关系对离职意愿影响的分析。鉴于并购会使一个或者两个组织放弃旧的组织身份而采用新的组织身份（Haunschild et al.，1994），后并购组织中员工不仅拥有源于并购前所在组织的群体关系和群体身份，同时也拥有源于后并购组织的角色关系和角色身份，因此，员工的角色身份及其向群体身份的转化也会影响其离职意愿。本章研究通过在社会身份理论基础上，引入身份理论，从身份凸显性视角分析员工角色–群体/群体–角色身份凸显性的转化及其影响，尝试填补了这一研究空缺，进而延伸了并购中离职问题的研究。

其次，本章研究通过分析并购整合中员工角色–群体/群体–角色身份凸显性转化及其内在机理，强调了后并购组织中员工身份的复杂性和动态性及其所引致的结果，细化了后并购中员工身份的研究，进而贡献于并购身份领域的研究文献。后并购中员工的身份问题得到很多研究者的关注。以往研究强调并购整合过程实质上是使员工放弃旧身份并建立新身份的过程（Giessner et al.，2016；Haunschild et al.，1994），员工新身份的建立深受其感知到的相比于并购伙伴的差异或者相对地位的影响（van Knippenberg et al.，2002；Terry and O'Brien，2001），也受到并购中具体的社会情境和暂时情境的影响（Chreim，2007）；以往研究还发现清晰的新组织愿景、共同目标及组织符号也能够有利于新身份的构建（Buono et al.，1985；Gutknecht and Keys，1993），同时，积极的、支持性的鼓励两个群体互动的环境也有利于并购后内群体身份的建立（Seo and Hill，2005）。以往研究也述及，在并购过程中几种身份都会受到影响（颜士梅等，2013）；并且在研究中也初步纳入了能够表征身份多重性的“组织身份凸显性”变量（颜士梅等，2018；陈丽哲，2018）。然而，在并购整合研究中，关注并探讨身份多重性的研究还处于初始阶段，并且对多重身份的动态变化及其影响的研究还相对欠缺。本章研究通过聚焦并购中能够表征员工身份多重性和动态性的身份凸显性，分析其转化以及内在机理，进而推进和深入以往并购身份问题的研究。

4.4.3　实践意义

本章研究结论能够为制定促进并购整合的管理策略提供启发和指导。首先，本章研究发现并购整合过程中，角色–群体身份凸显性的转化能够导致游离组织的群体态度/行为/力量，不利于并购整合；而群体–角色身份凸显性的转化则能够促发嵌入组织的个体态度/行为/力量，有利于组织整合。这意味着并购中的管理者要关注员工身份的动态变化，还要采取措施防止其从角色身份凸显性转化为群体身份凸显性，并帮助员工实现群体到角色身份凸显性的转化，这样才可能实现成功整合目标。其次，本章研究分别发现了两种身份凸显性转化的关键催化剂，即群体相对剥夺感及个体公平感。这为并购中的管理者制定防止不利于组织的群体行为并鼓励嵌入组织的个体行为的具体策略提供了指导。管理者可以采取策略，弱化群体差异、消除群体歧视，防止群体相对剥夺感的产生；同时，还可以采取对应措施创设公平环境和氛围，激发个体公平感的产生，进而有效整合并购双方。

4.4.4　研究局限与展望

尽管本章研究发挥了案例研究的优势，借助三个包含丰富而翔实资料的案例的分析，深入揭示了两种身份凸显性转化的内在机理以及对离职意愿所产生的不同影响，但是，本章研究仍然存在案例研究的天然缺陷，即样本量少，可能存在外部效度问题。鉴于此，未来研究可以将本章研究所初步发现的概念模型进一步细化为变量关系模型，再运用基于大样本的问卷研究法来加以验证。另外，未来研究还可以沿着身份研究的思路，进一步探讨并购中多重身份所导致的多重认同问题，可以具体分析多重身份导致的对不同群体的认同差异以及这种差异对员工态度和行为的影响。

参考文献

巴比 E. 2005. 社会研究方法. 10 版. 邱泽奇译. 北京：华夏出版社.

陈丽哲. 2018. 并购情境中上向信任的前因及对人力资源整合的影响研究——基于社会身份理论. 浙江大学博士学位论文.

郭文臣，肖洪钧. 2011. 被并购企业高管团队成员集体离职的影响因素探究——基于嘉宝公司的案例分析. 管理案例研究与评论，4（5）：352-360.

毛基业，李晓燕. 2010. 理论在案例研究中的作用——中国企业管理案例论坛（2009）综述与范文分析. 管理世界，（2）：106-140.

毛基业，张霞. 2008. 案例研究方法的规范性及现状评估——中国企业管理案例论坛（2007）综述. 管理世界，（4）：115-121.

吴小勇，杨红升，程蕾，等. 2011. 身份凸显性：启动自我的开关. 心理科学进展，19（5）：712-722.

颜士梅. 2011. 并购中员工离职原因的理论解读：一个文献综述. 浙江大学学报（人文社会科学版），（3）：180-189.

颜士梅. 2012. 创业型并购不同阶段的知识员工整合风险及其成因——基于 ASA 模型的多案例分析. 管理世界，（7）：108-123.

颜士梅，陈丽哲，张钢. 2018. 并购情境下领导群体原型典型性与下属上向信任的关系——组织身份凸显性的调节作用. 浙江大学学报（人文社会科学版），48（3）：217-230.

颜士梅，等. 2013. 创业型并购中的知识员工整合风险研究. 北京：科学出版社.

张霞，毛基业. 2012. 国内企业管理案例研究的进展回顾和改进步骤——中国企业管理案例与理论构建研究论坛（2011）综述. 管理世界，（2）：105-111.

Adams J S. 1963. Toward and understanding of inequity. Journal of Abnormal and Social Psychology, 67：422-436.

Ahammad M F，Glaister K W，Weber Y，et al. 2012. Top management retention in cross-border acquisitions：the roles of financial incentives，acquirer's commitment and autonomy. European Journal of International Management，6（4）：458-481.

Ahammad M F，Tarba S Y，Liu Y，et al. 2016. Knowledge transfer and cross-border acquisition performance：the impact of cultural distance and employee retention. International Business Review，25：66-75.

Ashforth B E，Mael F. 1989. Social identity theory and the organization. The Academy of Management Review，14（1）：20-39.

Berg B L. 2001. Qualitative Research Methods for the Social Sciences. 4th ed. Boston：Allyn & Bacon，A Pearson Education Company.

Bergh D D. 2001. Executive retention and acquisition outcomes：a test of opposing view on the influence of organizational tenure. Journal of Management，21：603-622.

Brenner P S，Serpe R T，Stryker S. 2014. The causal ordering of prominence and salience in identity theory：an empirical examination. Social Psychology Quarterly，77（3）：231-252.

Brown R，Hewstone M. 2005. An integrative theory of intergroup contact. Advances in Experimental Social Psychology，37：255-343.

Buchholtz A K，Ribbens B A，Houle I T. 2003. The role of human capital in postacquisition CEO departure. The Academy of Management Journal，46（4）：506-514.

Buono A F，Bowditch J L，Lewis J W. 1985. When cultures collide：the anatomy of a merger. Human Relations，38：477-500.

Burke P J，Tully J. 1977. The measurement of role/identity. Social Forces，55：881-897.

Capitano J，DiRenzo M S，Aten K J，et al. 2017. Role identity salience and boundary permeability preferences：an examination of enactment and protection effects. Journal of Vocational Behavior，102：99-111.

Cartwright S，Cooper C L. 1993. The role of culture compatibility in successful organizational marriage. Academy of Management Executive，7（2）：57-70.

Cartwright S，Cooper C L. 1995. Organizational marriage "hard" versus "soft" issues? Personnel Review，24（3）：32-42.

Cho B，Lee D，Kim K. 2014. How does relative deprivation influence employee intention to leave a merged company? The role of organizational identification. Human Resource Management，53（3）：421-443.

Chreim S. 2007. Social and temporal influences on interpretations of organizational identity and acquisition integration：a narrative study. The Journal of Applied Behavioral Science，43（4）：449-480.

Desrochers S，Andreassi J，Thompson C. 2004. Identity theory. Organization Management Journal，1（1）：61-69.

Eisenhardt K M. 1989. Building theories from case study research. The Academy of Management Review，14（4）：532-550.

Eisenhardt K M，Graebner M. 2007. Theory building from cases：opportunities and challenges. The Academy of Management Journal，50（1）：25-32.

Fama E F. 1980. Agency problems and the theory of the firm. Journal of Political Economy，88：288-307.

Fielding N，Fielding J. 1986. Linking Data：the Articulation of Qualitative and Quantitative Methods in Social Research. Beverly Hills，London：Sage.

Frank R H. 1985. Choosing the Right Pond：Human Behavior and the Quest for Status. Oxford：Oxford University Press.

Giessner S R，Horton K E，Humborstad S W. 2016. Identity management during organizational mergers：empirical insights and practical advice. Social Issues and Policy Review，10（1）：47-81.

Graebner M E，Eisenhardt K M. 2004. The seller's side of the story：acquisition as courtship and governance as syndicate in entrepreneurial firms. Administrative Science Quarterly，49（3）：366-403.

Graebner M E，Eisenhardt K M，Roundy P T. 2010. Success and failure in technology acquisitions：lessons for buyers and sellers. Academy of Management Perspectives，24（3）：73-92.

Gutknecht J E，Keys J B. 1993. Mergers，acquisitions and takeover：maintaining morale of survivors and protecting employees. Academy of Management Executive，7：26-36.

Hagedoorn J，Duysters G. 2002. External sources of innovative capabilities：the preference for strategic alliances or mergers and acquisitions. Journal of Management Studies，39：167-188.

Hambrick D C，Cannella A A，Jr. 1993. Relative standing：a framework for understanding departures of acquired executives. The Academy of Management Journal，36（4）：733-762.

Hartley J. 2004. Case study research//Cassell C，Symon G. Essential Guide to Qualitative Methods in Organizational Research. London：Sage：323-333.

Haspeslagh P C，Jemison D B. 1991. Managing Acquisition：Creating Value Through Corporate Renewal. New York：Free Press.

Haunschild P，Moreland R，Murrell A. 1994. Sources of resistance to mergers between groups. Journal of Applied Social Psychology，24：1150-1178.

Hirsch P M. 1986. From ambushes to golden parachutes：corporate takeovers as an instance of cultural framing and institutional integration. American Journal of Sociology，91：800-837.

Hogg M A，Terry D J. 2000. Social identity and self-categorization process in organizational contexts. The Academy of Management Review，25（1）：121-140.

Hogg M A，Terry D J，White K M. 1995. A tale of two theories：a critical comparison of identity theory with social identity theory. Social Psychology Quarterly，58：255-269.

Hsieh H-F，Shannon S E. 2005. Three approaches to qualitative content analysis. Qualitative Health Research，15（9）：1277-1288.

Krug J A. 2003. Executive turnover in acquired firms：an analysis of resource-based theory and the upper echelons perspective. Journal of Management and Governance，7：117-143.

Krug J A，Wright P，Kroll M J. 2014. Top management turnover following mergers and acquisitions：solid research to date but still much to be learned. The Academy of Management Perspectives，28（2）：147-163.

Larsson R，Finkelstein S. 1999. Integrating strategic，organizational，and human resource perspectives on mergers and acquisitions：a case study of synergy realization. Organization Science，10：1-26.

Lee D，Kim K，Kim T G，et al. 2013. How and when organizational integration efforts matter in South Korea：a psychological process perspective on the post-merger integration. The International Journal of Human Resource Management，24（5）：944-965.

McCall G J，Simmons J L. 1978. Identities and Interactions. Toronto：Collier-MacMillan Canada.

Patton Q M. 1987. How to use Qualitative Methods in Evaluation. London：Sage Publications Inc.

Pettigrew A. 1990. Longitudinal field research on change：theory and practice. Organization Science，1（3）：267-292.

Pettigrew T F. 2015. Samuel stouffer and relative deprivation. Social Psychology Quarterly，78（1）：7-24.

Pettigrew T F，Wagner U，Meertens R W，et al. 2008. Relative deprivation and intergroup prejudice. Journal of Social Issues，64（2）：385-401.

Randel A E. 2002. Identity salience：a moderator of the relationship between group gender composition and work group conflict. Journal of Organizational Behavior，23（6）：749-766.

Ranft A L，Lord M D. 2000. Acquiring new knowledge：the role of retaining human capital in acquisitions of high-tech firms. The Journal of High Technology Management Research，11（2）：295-319.

Schuler R S，Jackson S E. 2001. HR issues and activities in mergers and acquisitions. European Management Journal，19（3）：239-253.

Schweiger D M, Denisi A S. 1991. Communication with employees following a merger: a longitudinal field experiment. The Academy of Management Journal，34（1）：110-135.

Schweiger D M，Ivancevich J M，Power F R. 1987. Strategies for managing human resources during mergers and acquisitions. Human Resource Planning，10（1）：127-138.

Schweiger D M，Weber Y. 1989. Strategies for managing human resources during mergers and acquisitions：an empirical investigation. Human Resource Planning，12（2）：69-96.

Seo M G，Hill N S. 2005. Understanding the human side of merger and acquisition：an integrative framework. The Journal of Applied Behavioral Science，41（4）：422-443.

Smith H J，Pettigrew T F. 2015. Advances in relative deprivation theory and research. Social Justice Research，28：1-6.

Smith H J，Pettigrew T F，Pippin G M，et al. 2012. Relative deprivation：a theoretical and meta-analytic review. Personality and Social Psychology Review，16（3）：203-232.

Stets T E，Burke P J. 2000. Identity theory and social identity theory. Social Psychology Quarterly，63（3）：224-237.

Stryker S. 1968. Identity salience and role performance. Journal of Marriage and the Family，4：558-564.

Stryker S，Burke P J. 2000. The past，present，and future of an identity theory. Social Psychology Quarterly，63（4）：284-297.

Stryker S，Serpe R T. 1994. Identity salience and psychological centrality：equialent，overlapping，or complementary concepts? Social Psychology Quarterly，57（1）：16-35.

Tajfel H，Turner J C. 1979. An integrative theory of intergroup conflict. The Social Psychology of Intergroup Relations，47（33）：74-90.

Terry D J，O'Brien A T. 2001. Status，legitimacy，and ingroup bias in the context of an organizational merger. Group Processes and Intergroup Relations，4：271-289.

Tropp L，Wright S. 1999. Ingroup identification and relative deprivation：an examination across multiple social comparisons. European Journal of Social Psychology，29：707-724.

Turner J C, Hogg M A, Oakes P J, et al. 1987. Rediscovering the Social Group: A Self-Categorization Theory. New York：Basil Blackwell.

van Knippenberg D，van Knippenberg B，Laura M，et al. 2002. Organizational identification after a merger：a social identity perspective. The British Journal of Social Psychology，41：233-252.

Walker I，Pettigrew T F. 1984. Relative deprivation theory：an overview and conceptual critique. British Journal of Social Psychology，23（4）：301-310.

Weber Y，Tarba S Y. 2010. Human resource practices and performance of mergers and acquisitions in Israel. Human Resource Management Review，20（3）：203-211.

Yang H S，Liao Q M，Huang X T. 2008. Minorities remember more：the effect of social identity salience on group-referent memory. Memory，16（8）：910-917.

Yin R K. 2003. Case Study Research：Design and Methods. 3rd ed. Thousand Oaks：Sage.

Zhang J L，Ahammad M F，Tarba S，et al. 2015. The effect of leadership style on talent retention during merger and acquisition integration：evidence from China. The International Journal of Human Resource Management，26（7）：1021-1050.

第 5 章　并购整合中相对地位与相对剥夺的关系：地位合法性的敏感作用

第 3 章具体分析了并购整合中相对地位与离职意愿的关系，第 4 章则分析了并购整合中相对剥夺对离职意愿所产生的作用，本章结合相对地位理论、相对剥夺理论和社会身份理论，运用 2/2 的案例对比分析方法，进一步揭示并购整合情景下的相对地位与相对剥夺是否存在以及可能存在怎样的影响关系。

5.1　引　　言

正如第 3 章和第 4 章研究所发现的，在并购背景下，由于后并购组织是由并购方群体与被并购方群体构成的新组织，并且并购双方群体通常具有敏感而竞争的关系（Hogg and Terry，2000；Hambrick and Cannella，1993；Haspeslagh and Jemison，1991），故后并购组织中的员工会倾向对比自己所属群体与并购另一方群体，也会倾向对比自己所属群体的当前状况与并购前状况，进而会感知到群体相对地位和纵向相对地位。同时，员工尤其是被并购企业员工也会感知到群体相对剥夺。

本书在第 2 章中明确了相对地位与相对剥夺的区别，即相对地位聚焦于个体或者个体所属群体与参照个体或者参照群体相比较而感知的地位差异上（Frank，1985；Hambrick and Cannella，1993；Ranft and Lord，2000），而相对剥夺则强调个体或者个体所属群体与参照对象相比较而感知到总体状况差异之后所产生的不公平感和愤怒情绪（Crosby，1976；Pettigrew，2015，2016；Runciman，1966；

Smith et al.，2012），可见，相对地位与相对剥夺是两个不同的构念。尽管以往研究先后将相对地位和相对剥夺变量分别引入并购中离职问题的研究中（Cho et al.，2014；Hambrick and Cannella，1993；Lee et al.，2013；Ranft and Lord，2000），但相对缺乏对并购中相对地位与相对剥夺关系的探讨。

如上所述，由于并购中员工尤其是被并购企业员工容易感知到群体相对地位和群体相对剥夺，那么，本章研究主要具体分析并购中群体相对地位与群体相对剥夺存在怎样的关系。群体相对地位是否会导致群体相对剥夺？在什么样的情景下会导致群体相对剥夺？这些问题亟待回答。

本章针对四家并购企业案例进行分析。在这四家并购企业案例中，被并购企业员工皆具有低群体相对地位，但是其中的两家产生了群体相对剥夺，而另外的两家则没有。通过对它们的对比分析，尝试探索并购中群体相对地位与群体相对剥夺的关系，揭示群体相对地位导致群体相对剥夺的关键条件。

5.2　研 究 方 法

鉴于案例研究能够基于现实组织的丰富资料发现新概念、新过程或者新理论，因此成为组织研究领域的常用方法（Berg，2001；Pettigrew，1990；Yin，2003）。本章研究尝试借助四家并购企业案例所呈现的翔实资料，通过对比分析，揭示以往研究相对缺乏探讨的并购中群体相对地位与群体相对剥夺的关系。

5.2.1　样本

为了实现研究目标，在样本的选择上，主要采用理论抽样的方法（Draucker et al.，2007；Eisenhardt，1989；张霞和毛基业，2012）。具体而言，本章研究选择了两家在并购整合中具有低群体相对地位的员工感知到群体相对剥夺的企业，分别为 ISA 和 OPA，然后选择了两家并购整合中具有低群体相对地位的员工没有感知到群体相对剥夺的企业，即 UXA 和 VYA。这四家并购企业案例皆为作者获得的第一手资料，具体包括一个民营企业对国有企业的收购案例、一个国有企业对国有企业的收购案例、一个民营企业对国有企业的收购案例和一个外资企业对民营企业的收购案例。在这四家并购企业案例中，ISA 和 OPA 企业案例是笔者分别在 2004 年和 2010 年所调研的企业，在已经发表的相关研究中分别使用过，但是其分析的视角和侧重点与本章研究不同；UXA 和 VYA 则是笔者分别在 2018 年和 2019 年所调研的全新的并购案例，相关资料皆为第一次使用。由于被并购企业更容易感知到低的群体相对地位和高的群体相对剥夺（Hambrick and Cannella，1993；颜士梅和张钢，2020），故本章研究对象皆聚焦被并购企业员工。四家并购企业案例企业的背景信息见表 5.1。

表 5.1　四家并购企业案例企业的背景信息

<table>
<tr><th colspan="2">案例企业</th><th>并购企业性质</th><th>并购企业规模</th><th>并购企业所属产业</th><th>被并购企业性质</th><th>被并购企业规模</th><th>被并购企业所属产业</th><th>并购时间</th><th>整合时间</th></tr>
<tr><td rowspan="2">案例 1</td><td rowspan="2">ISA</td><td>民营企业</td><td>大型企业集团</td><td>管道制造</td><td>国有企业</td><td>中型</td><td>钢铁生产</td><td>1998 年 100%股份收购</td><td>1998 年</td></tr>
<tr><td colspan="8">低群体相对地位员工感知到相对剥夺案例</td></tr>
<tr><td rowspan="2">案例 2</td><td rowspan="2">OPA</td><td>国有企业</td><td>大型企业集团</td><td>旅游</td><td>国有企业</td><td>小型</td><td>旅游</td><td>2005 年 100%股份收购</td><td>2005 年</td></tr>
<tr><td colspan="8">低群体相对地位员工感知到相对剥夺案例</td></tr>
<tr><td rowspan="2">案例 3</td><td rowspan="2">UXA</td><td>民营企业</td><td>大型企业集团</td><td>医药等</td><td>国有企业</td><td>大型企业</td><td>化工</td><td>2014 年 100%股份收购（三年之后整合）</td><td>2017 年</td></tr>
<tr><td colspan="8">低群体相对地位员工没有感知到相对剥夺案例</td></tr>
<tr><td rowspan="2">案例 4</td><td rowspan="2">VYA</td><td>外资企业</td><td>大型企业</td><td>生物技术</td><td>民营企业</td><td>小型</td><td>生物技术</td><td>2019 年收购 60%股份</td><td>2019 年</td></tr>
<tr><td colspan="8">低群体相对地位员工没有感知到相对剥夺案例</td></tr>
</table>

5.2.2　资料获取

针对上述四家企业，主要采用了如下两种方式获取了相关资料，一为基于企业网站及相关并购报道的二手资料获取案例企业的背景信息和相关并购的基本信息。例如，到并购企业和被并购企业网站上收集其发展、产业、规模和文化的相关信息，到相关网站查阅关于并购事件的具体报道和讨论信息。二为针对并购事件的深度访谈（针对其中的一位被访谈者，由于时间安排问题，进行了简短访谈，其他皆为深度访谈）。在深度访谈中，针对了解或者经历并购事件的并购双方的关键决策者和管理者或者关键员工进行深度访谈，同时还会对了解该并购事件的其他相关人，如国有并购公司主管部门负责人或者当地经济开发区主任等进行深度访谈，从侧面获取相关并购及其整合信息。每位被访谈者的访谈时间一般为 1 小时到 2 小时。总之，本章研究在资料获取中，为了保证研究的信效度，强调了三角检验的方法，通过多源获取方法收集资料，并将访谈资料及时建立了文档库，为资料的后续分析奠定了良好的基础（Fielding N and Fielding J, 1986; Yin, 2003）。四个案例的具体访谈信息见表 5.2。

表 5.2　四家企业的访谈信息

案例企业	访谈时间	被访谈人基本信息
ISA	2004 年 5 月	企业所在地经济开发区主任 1 人次（男）；后并购企业财务部经理 1 人次（男）；后并购企业企业管理部主任 1 人次（女）
OPA	2010 年 8 月	被并购企业原总经理助理 1 人次（男）；被并购企业市场部专业人员 1 人次（男）
UXA	2018 年 5 月	公司副总经理 1 人次（后并购新聘任）（女）；公司企业管理部部长 1 人次（来自被并购方）（男）；公司行政部部长 1 人次（来自被并购方）（女）；公司资深员工 1 人次（来自并购方：简短访谈）（男）
VYA	2019 年 9 月	被并购企业研发副总 1 人次（男）；被并购企业技术骨干 1 人次（男）；被并购企业销售经理 1 人次（男）；被并购企业实验室经理 1 人次（男）；被并购企业技术骨干 1 人次（男）；被并购企业行政人员 1 人次（女）；被并购企业技术骨干 1 人次（女）；被并购企业行政人员 1 人（女）

注：除了括号内备注“简短访谈”之外，其他皆为深度访谈

5.2.3　资料分析

本章采用基于质性内容分析技术的对比分析方法，具体对比案例 ISA 和案例 OPA 及案例 UXA 和案例 VYA。通过对比分析，明确了在被并购企业员工皆具有低群体相对地位的四个案例中，ISA 和 OPA 两个案例中的被并购企业员工却产生了群体相对剥夺感，而 UXA 和 VYA 中的被并购企业员工却没有产生，进一步揭示了从群体相对地位到群体相对剥夺的关键条件变量。总之，案例分析初步发现了并购中群体相对地位与群体相对剥夺之间的可能影响关系。

5.3　案例分析

5.3.1　案例背景

ISA 公司成立于 1982 年，是一家以管道制造和生态旅游为核心业务的大型民营企业集团。在 2004 年对该企业进行调研时，其拥有 9 个分公司，资产高达 12 亿元，员工约有 1 600 人。该企业位列省百强企业，是全国最大的管道生产及

科研基地之一，其管道产品商标为“中国驰名商标”。该企业为了更好地获得管道生产的原材料，整合上游产业，在1998年收购了钢铁厂S企业。S企业是一家国有钢铁生产厂，当时效益不好，约有600人。其主管单位将其拍卖，但是要求并购方负责安置好约450名员工。ISA企业发现S企业拥有长期的钢材生产历史，并且也有一定的技术积累，因此就接受了S企业主管单位的条件，全资收购了S企业。

OPA企业是一家大型国有企业，核心业务是旅游。被收购企业P企业也是一家大型国有企业，成立于1989年，以旅游和运输为主营业务，发展得很好，2004年的营业额高达4亿元。2005年根据国家关于国有资产重组的相关规定，同类业务企业要重组合并。在该背景下，2005年7月OPA企业全资收购了P企业的旅游业务，被并购人员约有200人。

UXA企业是一家创建于1996年的大型民营企业，主要业务是制药，拥有多个国家级二类新药，是省百强企业。被并购企业X企业则是一家成立于1974年的大型国有化工企业，主要生产合成氨和尿素，是所在省最大的化肥基地，拥有约4 000名员工，于1999年底上市。该公司在2003年先后对外投资了三大企业，共消耗120亿元，但是效益不好，使得该企业从此进入亏损状态。UXA公司为了进一步拓展业务，于2014年10月全资收购了X公司。并购之后，双方签订了三年协议，即在这三年里，让大家进行双向选择，除了自愿离开的之外，UXA公司全部接收被并购企业员工，并且在人事和薪酬等方面都至少保持不变。

VYA公司成立于2015年，是一家初创小型民营高科技企业，主要从事旨在预防疾病的基因检测服务业务，约有50人。由于该类基因检测服务的市场不是特别大，且竞争较大，故公司入不敷出，面临存在危机。在该情境下，一家在全球约15个国家设有分公司、从事辅助生育基因检测服务的西班牙外资企业V想发展亚太市场，在寻找收购或者合资对象，于是在2019年4月收购了VYA公司60%的股份。这样VYA公司就由一家民营企业变成一家以外资企业为大股东的中外合资企业。

5.3.2 资料分析

1. ISA和OPA案例中被并购企业员工的相对地位和相对剥夺

1）ISA案例中被并购企业员工的相对地位和相对剥夺

在ISA企业案例中，其在并购了S企业之后，根据国有S企业的主管单位要求，接纳了 S 企业的约 450 名员工。S 企业原来的管理理念和体系相对落后，是其亏损的关键原因，因此，在并购之后，ISA 企业完全剔除了 S 企业的传统的大锅饭式的管理模式和体系，而是采取了 ISA 企业一直强调和运行的基于绩效的岗位责任制。由此可见，被并购企业的员工虽然由并购方全部吸纳，但是却被要求完全按照并购方企业的人力资源管理体系来安置和运作。但是，因为 S 企业的员工仍然固守着传统的大锅饭式的管理理念，所以他们很难接受民营企业基于绩效的人力资源管理理念，他们感到很不平衡（颜士梅和王重鸣，2006）。根据 Frank（1985）、Hambrick 和 Cannella（1993）、Ranft 和 Lord（2000）的观点，S 企业的员工在后并购组织这一近似社会安排中，容易将自己所在群体的地位与并购方群体的地位进行比较。在该情境下，S 企业的员工感知到他们相对于并购方群体而言的被动服从性，即他们必须按照并购方的相关政策和规则工作，也必须服从并购方的安排。这样，会感知到低的群体相对地位。

S 企业的员工在短时间内难以接受并购方基于绩效的管理理念的同时，他们也不服气。他们认为“国有企业员工哪能被农民和农民办的企业来管理”。因此他们产生了气愤情绪并采取了对应行动：一方面，他们不工作，但要求继续给他们发工资；另一方面，他们还经常罢工和闹事。有一天，他们还将企业总经理锁在厂房里，不让出来。ISA 企业的很多员工都这样表述：“并购了 S 企业等于买了一个地雷。”由此可见，首先，S 企业的员工认为并购方是农民办的企业，因此没有资格和权利来管理他们。根据 Bettencourt 等（2001）、Costarelli（2007，2012）、Tajfel 和 Turner（1979，1986）的观点，S 企业的员工认为并购方的高地位的合法性程度低，因为地位合法性是指高或者低地位群体及其成员接受群体之间地位差异的程度，其可以从合理、合情和合规角度来测量。其次，S 企业的员工产生了愤怒情绪，并采取了对应行动。根据 Pettigrew（2015，2016）、Smith 等（2012）、Walker 和 Pettigrew（1984）的观点，被并购方员工产生了基于群体比较的相对剥夺感，因为相对剥夺是个体或者个体所属群体与参照个体或者群体进行比较之后，感知处在不利状况，并认为其是不公平的，进而产生的愤怒和索要资格的情绪。基于个体的比较产生个体相对剥夺，基于群体的比较则产生群体相对剥夺。如上所述，S 企业的员工在对比并购方群体与被并购方群体之后，发现自己所属的被并购方群体处在低地位，并且认为这种低地位是不公平和不应该的，因此产生了愤怒情绪，并采取了集体罢工、集体闹事等群体行动。根据社会身份理论，当被并购方员工在并购之后感知自己处在低的社会地位群体时，其积极身份和自尊需要无法得到满足（Bettencourt et al.，2001；Tajfel，1981；Tajfel and Turner，1979）。同时，如上所述，被并购方员工认为地位合法性低，并且，在短时间内，被并购企业员工在心理上无法认同并购方及其高地位，因此其在心理上群体地位差异不应该具有稳定性。被并购国有企业员工也不屑进入民营企业所代表的并购方群体，即群体边界难以渗透，因此，他们采取群体竞争策略（Ellemers et al.，1990；Tajfel and Turner，1979），如群体罢工等群体行动。可见，S 企业的员工产生了较高的基于群体的相对剥夺感，并尝试运用社会竞争策略来获得积极身份。

总之，ISA 案例中来自被并购方企业的员工感知到低群体相对地位，并认为这种差异的地位合法性低，进而产生了群体相对剥夺感。

2）OPA 案例中被并购企业员工的相对地位和相对剥夺

在 OPA 案例中，2005 年 7 月，当 P 企业刚被 OPA 收购时，很少有人离职，因为大家对未来抱有希望，另外，大家也会想得到并购补偿，但是最后没有得到补偿。后来，被并购企业员工觉着没有补偿也没关系，因为并购前后所在的企业都是国有企业。

但是，在并购之后的 2~3 个月，被并购方 P 企业的员工发现并购双方员工的待遇很不一致。并购方员工工资一般是被并购方员工工资的两到三倍；并且发现并购方新招聘进来的职位相似的员工与被并购方员工的收入相差悬殊。被访者气愤地说，“他们自己招了与我差不多的人，工资却是我的 10 倍”，“活都是我们干的，工资都是他们拿的”。同时，相比较于并购前，被并购方员工的工资也更加低了。由此可见，被并购方员工感知到相对于并购方的明显低的群体相对地位（Frank，1985；Hambrick and Cannella，1993）。

同时，被并购方员工还强调他们很难接受并购方文化，因为被并购方原来的文化很务实，而并购方文化则比较务虚。这正如被访谈者所强调的：“他们喜欢胡说八道，他们什么事情都不落实。”被并购方员工还强调并购方内部管理混乱，高层管理者腐败堕落，进而导致不少经营问题，如业务运作上的偷工减料和粗制滥造。被访者明确道：“在 2006 年底到 2007 年初，OPA 集团中的中高层有 20 多人被抓，都是因为贪污腐败。”可见，被并购方认为并购方的管理混乱，存在违法违纪问题，并且不公平地对待被并购方。因此，被并购方员工认为并购方的高相对地位不合理、不合规，即地位合法性低（Bettencourt et al.，2001；Costarelli，2007，2012；Tajfel and Turner，1979）。鉴于此，被并购方员工非常不满，进而有了对应的态度和行为。首先，被并购方员工不愿与并购方人员沟通和合作。正如被访者所描述的：“我们这边的人都不愿与他们那边的人打交道。”其次，被并购方员工出现了集体离职现象。被访者陈述道：“在 2005 年底到 2006 年初，大家就都想走了。我们这边有人振臂一呼，很多就跟着走了（离职了）。如果一个人觉着其他地方好，就走了（离职了），后来其他人听说也就都跟过去了。”根据 Pettigrew（2015，2016）、Smith 等（2012）的观点，这样的不满情绪实际上表征了被并购方员工较高的群体相对剥夺感。在高群体相对剥夺感产生之后，他们感到改变现有后并购组织的状况很难，即群体边界可渗透性弱，继而选择了离职，即群体导向的离职。

由上述分析可见，OPA 案例中的被并购方员工具有低的群体相对地位，并且认为并购双方之间的地位差异的合法性低，进而产生了群体相对剥夺感，并出现了群体导向的离职行为。

3）ISA 和 OPA 案例分析小结

概括 ISA 和 OPA 两个案例分析结论，可以发现：

第一，两个案例中的被并购方员工都具有低群体相对地位。两个案例中的收购方都具有 100%的股权，被并购方都要按照收购方及其所表征的后并购组织规则运行。

第二，两个案例中的被并购方员工都认为其低群体相对地位的合法性低，但是原因有所不同。具体而言，在 ISA 案例中，由于处在市场理念还没有被普遍接纳的 1990 年末期的我国，被并购方员工难以认同具有股权优势的民营企业继而拥有决策权优势，故认为并购双方的地位差异的合法性低。在 OPA 案例中，由于被并购方群体及其成员感知到并购方及其所表征的后并购组织对其的不公平待遇及管理和经营上的伦理问题，故他们认为并购双方的地位差异的合法性低。

第三，两个案例中的被并购方群体成员，在低地位合法性下皆产生了较高的群体相对剥夺感，即感知到自身低地位的不公平，并产生了愤怒或者索要资格的情绪。

第四，两个案例中的被并购方群体及其成员在群体相对剥夺感产生之后所采取策略存在一定差异。ISA 案例中的被并购方群体及其成员采取了群体竞争策略来发泄气愤情绪并尝试提高其在后并购组织中的积极身份和自尊。在低的地位合法性下，该案例中的被并购方员工由于认为民营企业及其管理者没有资格管理国有企业及其员工，故心理上的并购双方群体地位差异的稳定性低。同时，由于不合法认知，该案例中被并购方成员内群体认同会增强（Ellemers et al.，1993），进而会更加低视所参照的并购方群体（Bettencourt et al.，2001；Tajfel，1981；Tajfel and Turner，1979），也就认为其不应该也不会渗透到民营企业所表征的并购方群体，此时，并购双方的群体边界可渗透性低。鉴于此，被并购方员工运用的社会竞争策略试图获取积极身份。在 OPA 案例中，被并购方员工则采取了群体对峙进而集体离职的方式来表达对后并购组织的不满情绪，并尝试在后并购组织之外的其他组织寻求积极身份。OPA 案例中的被并购方员工因为受到并购方及其所表征的后并购组织的不公平待遇及并购方的非伦理经营行为，因此，其内群体认同会急剧增强，对所参照的外群体会更加不屑或者鄙视（Bettencourt et al.，2001；Ellemers et al.，1993；Tajfel，1981）。这样，群体边界的可渗透性弱。该情景下，在初始阶段，被并购方尝试通过群体对峙的方式提高或者改变其低地位，但是当他们意识到地位差异的稳定性很难改变时，即在后并购组织内寻求积极身份较为困难时，就采取了群体导向的离职策略，进而体现出高离职意愿和明显的离职行为。

总之，ISA 和 OPA 案例的分析结论能够初步表明，在低地位合法性下，低群体相对地位会导致高群体相对剥夺，并且群体相对剥夺产生之后，具有低群体相对地位的被并购方群体及其成员会采取群体竞争策略或者集体离职策略来寻求积极身份和自尊，总结这些分析结论如图 5.1 所示。

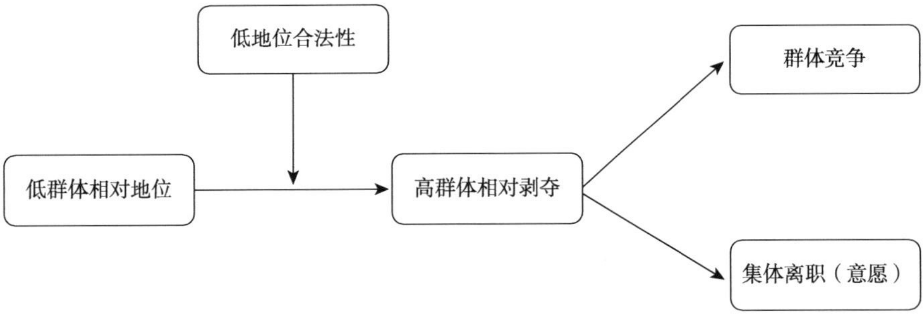

图 5.1　ISA 和 OPA 案例的分析结论

2. UXA 和 VYA 案例中被并购企业员工的相对地位

1）UXA 案例中被并购企业员工的相对地位

在 UXA 案例中，在 2014 年 10 月正式并购之后，并购双方签订了三年过渡期的协议，在过渡期中有些部门管理者离职了。过渡期之后选择离职的很少。并购方共接纳了被并购方 2000 多名管理者和员工。被并购 X 企业是在严重亏损下被 UXA 企业 100%股份收购的，因此在并购之后，被并购企业方要按照并购方的文化和管理体系运行。本质上，该次并购对被并购企业而言是一次国有企业转变为民营企业的过程，也是国家单位的领导者和主人翁转变为民营企业中的一名管理者或者员工的过程。并购之后，原被并购企业 10 位正厅级领导都没有离职，他们由国家的领导干部转变为民营企业的副董事长。这正如一位被访谈的被并购方管理人员所言：

“我原来是国家干部，是一种荣誉和待遇，目前让我留在老板身边，是要解决问题的。坦诚讲，并购时，我心里很难接受，但是最难接受的是原来公司的领导，他们是国家厅级干部，但是身份也转换了。目前他们中只有 1 位副厅领导离职，有 2 个退休了，其他都还在。我之所以留下来是由于我需要这份工作，同时也想干一些事情，我也看到老板是想要把这个企业做好。”

由上可见，在并购之后，被并购方完全按照并购方的管理体系运作，被并购方原正厅级国家干部都转变为公司高层副职，被并购方员工由国家职工转变为民营企业的普通员工。总之，案例中被并购群体相对于并购方群体而言，其自主权移除程度高。根据 Frank（1985）、Hambrick 和 Cannella（1993）、Ranft 和 Lord（2000）的观点，自主权是表征群体相对地位的核心维度。这意味着，如果自主权低，其群体相对地位就低。那么，该案例中被并购方群体具有低的群体相对地位。

然而，具有低群体相对地位的员工并没有产生相对剥夺感，也没有明显的离职意愿。这正如来自被并购企业、现任后并购组织企业管理部负责人的被访谈者所强调的：“并购后，是一个学习和锻炼的机会，我可以借此学习下民营企业的管理工作，并购后的新组织在发展上推出不少管理措施。例如，对并购前亏损的分支企业采取承包制，要他们自己养活自己，还要吸纳一部分员工，这样就调动了分支公司的积极性，也有效控制了负债的上升。”现任后并购组织行政部部长的被访谈者也说道：“与并购之前比，我的地位现在是更高了。老板给了我很大的权力。我要指导各个子公司的工作，也学习到很多新东西。例如，当我给财务专业出身的财务总监汇报工作时，她要求要有具体数据。那么我就要学习财务知识，经过学习，我目前就能很好地汇报工作了。”由此可见，并购之后的被并购方人员面对新的环境和后并购体系，是抱着学习态度积极适应新组织的，并没有认为不公平或者产生愤怒的情绪，即没有产生群体相对剥夺感（Pettigrew，2015，2016；Smith et al.，2012）。

被并购方的现任企业管理部部长还概括道：“国有企业的员工很多人浮于事，在并购之后的三年过渡期中，如果 X 企业的员工感到不适应，基本上采取了离职。总体上，一般员工较少离职，离职的一般为部门管理人员，高层就有 1 位离职，是副厅级。过渡期之后的整合期，10 位正厅级领导都没有离职，都转变为民营企业的副董事长。”可见，在并购之后，除了 3 年过渡期中的有些中层管理者的离职外，一般员工和高层管理者没有体现出高离职意愿。

具有低群体相对地位的被并购方员工在并购整合之后之所以没有产生相对剥夺感，也没有高的离职意愿，是由于以下几个原因：第一，来自被并购方的员工认为并购方能够帮助处在亏损状态的被并购企业停止亏损并带来发展前景。并购之前，被并购 X 企业负债 80 多亿元，在访谈时（并购之后的第五年，即并购整合的第二年），负债已经降低为 30 多亿元，已偿还了 50 多亿元。被访谈的现任公司管理部部长说：“当时大家预言，并购之后挺不过一年的。但是，目前不但挺过了，还使负债大大降低了。X 企业原来是单一的化肥生产者，目前是化肥和医药两个业务，并且医药业务生产在重点发展，有发展前景。”第二，并购方的管理体系存在很多优势。一位被访谈者强调：“民营企业的风险控制和成本控制都做得非常好！这使得他们在市场上有很大的优势。”另一位被访谈者则给出一个成本控制的实例：“目前总公司非常注重成本。例如，原来 X 企业买笔，就到批发市场去批发，一块钱一支，就觉着可以了，很便宜了。目前新公司就要跟厂家直接定做，就三角五分一支。原来国有企业要汇报或者开会就将相关资料彩喷并装订成册，搞得很漂亮。目前则特别强调成本，给老板报告都用废弃过的纸张的另一面打印。特别注重成本。”被访谈者还强调：“并购之前所在国有企业容易人浮于事，而现在所在的企业则特别强调绝不养懒人，但是该企业又很人性化，如节假日会给员工发放礼物。”第三，并购企业尊重被并购企业人员。来自被并购方的现任行政部部长说道：“UXA 对 X 的人尊重。我们原来的高层厅级干部，基本没有调整，都保留了公司副总的职位。UXA 也特别为员工着想，他们想盘活我们原来那块，也好让员工有发展。他们很关心员工的事情。”来自被并购方的现任公司管理部部长也强调：“UXA 他们相当尊重 X，他们将精力重点投放在 X 发展上。”总之，并购方通过盘活发展、职位安排、薪酬给付及互动方式等充分体现出对被并购方的关心和尊重。

由上述分析可以发现，被并购方认为并购方有能力也展示出能力帮助被并购方止损，使得其发展具有前景；并购方拥有具有竞争优势的管理体系；并购方也充分尊重被并购方。根据（Bettencourt et al.，2001；Costarelli，2007，2012；Tajfel and Turner，1979）等的观点，被并购方实际上认为并购方的高群体相对地位是合情、合理和合规的，即认为并购双方的现有的群体地位及其差异的合法性高。

2）VYA 案例中被并购企业员工的相对地位

鉴于 VYA 企业是在西班牙 V 企业收购之后而形成的中外合资企业，并且 V 企业占股 60%，因此在 VYA 企业中，V 企业具有关键决策权。这正如被访谈的 VYA 企业副总所言："V 企业进来之后，控制当然多。其在战略上、结构变化上都占主导。其是大股东，有决策权。目前公司（VYA）管理者还是原来状态，但我们处在配合状态。"可见，被并购 VYA 企业方由原来自主决策变为支持配合新大股东 V 企业。被访谈的来自被并购企业的销售经理也强调："在并购之后，西班牙公司对销售的控制力度加大，首先，在对新客户关注度上要求更高。公司产品明确、服务明确、销售方向明确，效率也高很多。其次，对销售能力也有更高要求。最后，关注成本支出，强调投入与产出的均衡。"一位来自被并购企业的技术骨干也说："V 公司突然进入，对我们的影响大。因为有的项目被砍掉了，整个组都没有了。目前大家工作重心有些转移。我们工作在内容上和心态上变化都比较大。"由此可知，并购之后，并购方对 VYA 公司的销售和运作项目上都加大了控制，并进行了对应的调整。总之，在并购之后，公司的关键决策权、项目取舍和销售方向的确定等都掌握在并购方，被并购方的自主性明显很低。自主权是相对地位的核心表征（Ahammad et al.，2012；Hambrick and Cannella，1993；Lubatkin et al.，1999；Ranft and Lord，2000），这表明被并购方具有低的群体相对地位。

具有低群体相对地位的被并购方员工并没有产生群体相对剥夺，也没有体现出明显的离职意愿，而是相信也期望后并购组织有更好的发展前景。一位被并购企业的技术骨干认为："并购帮助我们解决了资金方面的问题，还引入了新项目。这个新项目在中国还比较少，他们自己有专利、有技术，可以开拓中国市场，他们在国外也有很多市场。我们目前有新项目，我们还是保持希望。"来自被并购企业的销售经理也明确道："目前，我没有想过离职。对我而言，这是个机会，对销售要抱有希望。我们看好并购方务实的做实业的精神。"一位被并购企业的实验室经理也强调："并购公司在业务上有比较优势，已经完成了从 0-1 的初始产品的成型，因此在产品上不需要太多拓展。并购之前我们的主营产品也有，但是需要不断拓展。我们目前的业务量还行。就我个人而言，我喜欢这样的变动。"一位被并购企业的技术骨干也说："我目前想的是并购公司到底能否融入中国社会，我希望并购公司能够在中国做得好，因为并购公司融入中国市场，更好地发展，我们才会发展好。我们不应该抵触，而是希望其发展好！"另外，一位技术骨干也补充道："并购之后，并购公司也派了 4~5 个人来，其中有 1 位总经理和 1 位人力成本总监。他们全是西班牙人。他们对我们态度还行。其实，目前我们 VYA 公司如果不进行并购，会发展成什么样子，我们也不知道。目前我们比原来好些了，虽然也艰难。”还有一位技术骨干也说：“我们实验室有一位并购方派来的西班牙技术人员，他尊重大家。”由上述被访谈者的陈述可以发现：①被并购方员工普遍认为并购方给他们公司带来了新产品、新机会和发展前景，他们也都期望新组织能够发展好。这表明被并购方群体虽然处在低地位，但没有认为不公平，没有体现出不满或者愤怒情绪，即没有产生群体相对剥夺感（Pettigrew，2015，2016；Smith et al.，2012）。②被并购方员工认为给公司带来发展可能和希望的并购方也尊重他们，因此他们实际上认为并购方高群体相对地位的合法性高（Bettencourt et al.，2001；Tajfel and Turner，1979）。

总之，在 VYA 案例中，被并购企业员工相对于并购方，拥有低群体相对地位，但是认为其地位合法性高，继而没有产生群体相对剥夺感和明显的离职意愿，而是努力接纳变革。

3）UXA 和 VYA 案例分析小结

概括 UXA 和 VYA 两个案例的分析结果如下：①两个案例中被并购企业员工具有低的群体相对地位，他们皆认同并购方及其所表征的后并购组织基于股权优势的决策权优势。②两个案例中被并购企业员工认为该低群体相对地位的地位合法性高，因此都没有产生相对剥夺感和明显的离职意愿。③两个案例中被并购企业员工对后并购组织都抱有发展希望，分别体现出学习适应和接纳变革的行为，概括这些分析结论具体如图 5.2 所示。

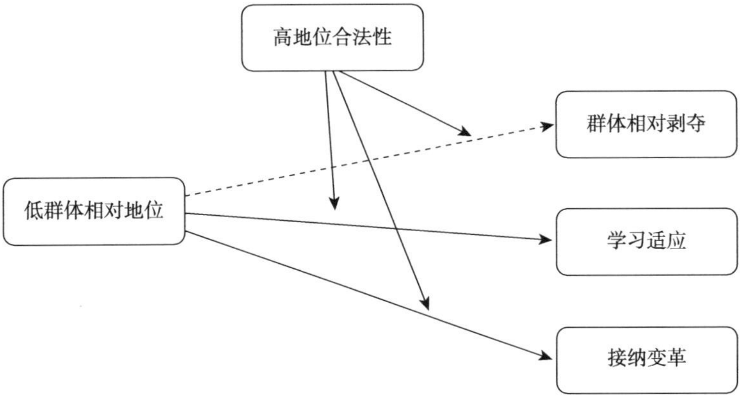

图 5.2 UXA 和 VYA 案例的分析结论

图中实线箭头表示存在影响关系；虚线箭头表示不存在影响关系

3. ISA 和 OPA 案例与 UXA 和 VYA 案例的对比分析

对比针对 ISA 和 OPA 案例的分析结论与针对 UXA 和 VYA 案例的分析结论，可以发现：①所针对的四个案例的研究对象皆为处在并购整合过程中的被并购方员工，这些被并购方员工都具有低的群体相对地位。②ISA 和 OPA 两个案例中具有低群体相对地位的员工产生了高群体相对剥夺感，进而产生了群体竞争或者集体离职（意愿）；UXA 和 VYA 两个案例中具有低群体相对地位的员工却没有产生明显的群体相对剥夺感，而是体现出学习适应或者接纳变革的行为。③具有低群体相对地位的被并购员工，之所以在 ISA 和 OPA 两个案例中产生了高群体相对剥夺感，而在 UXA 和 VYA 两个案例中却没有产生明显的群体相对剥夺感，是由于地位合法性的关键作用。具体而言，在前面两个案例中，具有低群体相对地位的被并购方员工认为并购双方群体之间的地位差异的合法性低；而在后面的两个案例中，具有低群体地位的被并购方员工却认为并购双发群体之间的地位差异的合法性高，进而产生了接纳或者积极适应和学习的态度和行为。

总之，在后并购组织的并购整合阶段，具有低地位合法性的低群体相对地位会直接导致高群体相对剥夺感，进而导致群体竞争或者集体离职（意愿），而具有高地位合法性的低群体相对地位则不会导致明显的群体相对剥夺感，而会导致接纳变革或者学习适应。由此可见，地位合法性在群体相对地位与群体相对剥夺之间的关系中扮演着十分敏感而又关键的角色。具体而言，低地位合法性可以使群体相对地位与群体相对剥夺密切关联，即群体相对地位会负向影响群体相对剥夺，但是，在高地位合法性下，群体相对地位则不一定会与群体相对剥夺关联，即群体相对地位可能并不会直接影响群体相对剥夺感。ISA 和 OPA 案例与 UXA 和 VYA 案例的对比分析结论具体如图 5.3 所示。

5.4　讨论与结论

5.4.1　本章研究结论

上述四个案例的分析结论表明，在并购整合背景下，群体相对地位与群体相

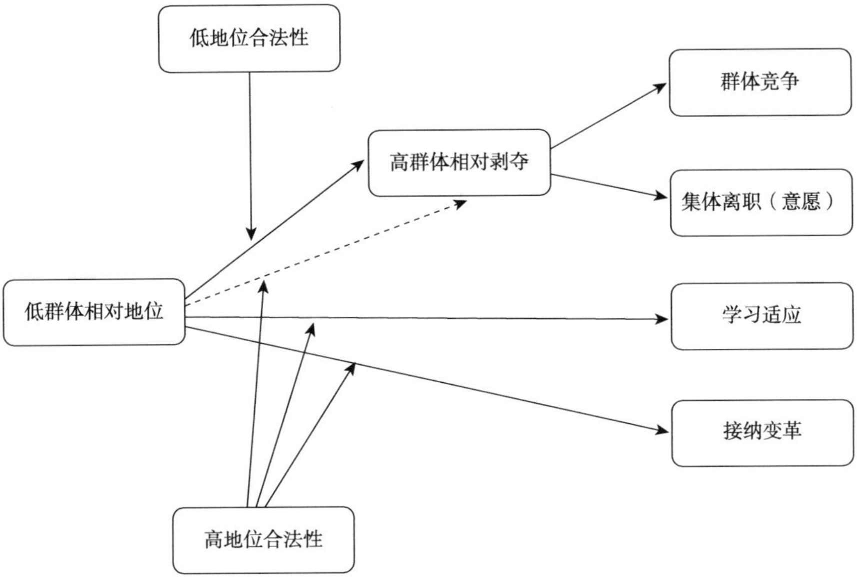

图 5.3　ISA 和 OPA 案例与 UXA 和 VYA 案例的对比分析结论
图中实线箭头表示存在影响关系；虚线箭头表示不存在影响关系

对剥夺在特定条件下会存在密切关系，具体而言，在低地位合法性条件下，低群体相对地位会到导致高群体相对剥夺感，进而产生群体竞争和集体离职（意愿）等不利于并购整合的消极态度和行为；但在高地位合法性条件下，低群体相对地位却不会导致高群体相对剥夺，反而使得学习适应和接纳变革等有利于并购整合的积极态度或者行为产生。由此可见，地位合法性在群体相对地位与群体相对剥夺之间的关系是否存在中，扮演特别关键而敏感的角色。

根据 Frank（1985）、Hambrick 和 Cannella（1993）、Ranft 和 Lord（2000）的观点，群体相对地位是个体对比自身所在群体地位与参照群体地位之后而产生的地位感知状况；而根据 Pettigrew（2015，2016）、Smith 等（2012）、Walker 和 Pettigrew（1984）的观点，群体相对剥夺是人们感知自己所属群体处在不利状况或者所具有消极身份是稳定的且不合法时，而产生的一种消极情绪。Kawakami 和 Dion（1995）、Ellemers 和 Bos（1998）也阐述到，当人们与参照对象比较而产生消极身份或者处在低地位并且认为其不合法时，会产生相对剥夺感。Weber 等（2002）则进一步地明确阐述到，具有低地位合法性的低内群体相对地位是相对剥夺的构成部分。结合本章案例研究结论可以明确，具有低地位合法性的群体相对地位导致高群体相对剥夺，换言之，在低地位合法性下，群体相对地位与群体相对剥夺之间存在负向影响关系。鉴于此，本章研究的结论可以概括如下：

第一，在并购整合背景中，低地位合法性下，群体相对地位负向影响群体相对剥夺，进而会导致不利于整合的消极态度或者行为；

第二，在并购整合背景中，高地位合法性下，低群体相对地位不会导致高群体相对剥夺，而会导致有利于整合的积极态度或者行为；

第三，在并购整合背景中，在群体相对地位与群体相对剥夺的关系中，地位合法性扮演着关键而敏感的角色。

5.4.2　本章研究的理论和实践意义

以往并购中的相关研究，在 1990 年（Hambrick and Cannella，1993）与 2010年（Cho et al.，2014；Lee et al.，2013）先后将相对地位理论及其变量和相对剥夺理论及其变量引入并购中员工离职问题的研究中，但是，尚欠缺对并购情境下相对地位与相对剥夺关系的探讨。同时，在以往的相关研究中，仅有个别研究者提及具有低地位合法性的内群体地位与相对剥夺的可能关系（Weber et al.，2002），然而，相对缺乏对相对地位与相对剥夺之间关系的系统阐述以及基于质性案例或者定量数据的实证分析。本章研究则以并购整合为背景，通过四个案例的分析及其 2/2 案例分析结论的对比，初步探讨群体相对地位与群体相对剥夺的关系，并明确地位合法性在其中的敏感角色，即在低地位合法性下，群体相对地位与群体相对剥夺存在密切的影响关系，但在高地位合法性，低群体相对地位则不会导致高群体相对剥夺。正是由此，本章研究明显推进了以往并购中相对地位与相对剥夺关系的研究，同时也延伸了以往地位合法性、相对地位与相对剥夺关系的分析。

本章研究结论对并购整合中管理聚焦点的投放和整合策略的制定都具有重要的指导意义。本章研究表明，低群体相对地位并不一定能够导致群体相对剥夺进而引致不利于并购整合的消极态度和行为的产生。具体而言，在地位合法性高的情况下，具有低群体相对地位的员工同样可以出现有利于整合的积极态度和行为，但在地位合法性低的情况下则可以引致高群体相对剥夺，并进而出现消极态度和行为。可见，地位合法性在其中扮演关键角色。鉴于此，在并购整合背景中，管理焦点应该投放在地位合法性而非群体相对地位上，管理者还要竭力构建公平合情理的岗位设置体系及人员配置体系。具体地，在并购整合背景中，管理者要关注并购双方群体地位差异的合法性问题，要构建合规公平的职位体系、任用体系和晋升体系；管理者要基于胜任力而非群体来源及其亲疏关系来进行岗位设置和人员任用，进而让拥有决策权的并购一方充分体现出其决策的公正性，使得并购双方群体明确其间可能地位差异的合规合情和合理性。

参 考 文 献

颜士梅，王重鸣. 2006. 并购式内创业中人力资源整合风险的控制策略：案例研究. 管理世界，（6）：119-129，140.

颜士梅，张钢. 2020. 并购整合中身份凸显性转化以及对离职意愿的影响：多案例研究. 管理世界，（8）：110-126.

张霞，毛基业. 2012. 国内企业管理案例研究的进展回顾与改进步骤——中国企业管理案例与理论构建研究论坛（2011）综述. 管理世界，（2）：105-111.

Ahammad M F，Glaister K W，Weber Y，et al. 2012. Top management retention in cross-border acquisitions：the roles of financial incentives，acquirer's commitment and autonomy. European Journal of International Management，6（4）：458-480.

Berg B L. 2001. Qualitative Research Methods for the Social Sciences. 4th ed. Boston：Allyn & Bacon，A Pearson Education Company.

Bettencourt B A，Dorr N，Charlton K，et al. 2001. Status differences and in-group bias：a meta-analytic examination of the effects of status stability，status legitimacy，and group permeability. Psychological Bulletin，127（4）：520-542.

Cho B，Lee D，Kim K. 2014. How does relative deprivation influence employee intention to leave a merged company? The role of organizational identification. Human Resource Management，53（3）：421-443.

Costarelli S. 2007. Intergroup threat and experienced affect：the distinct roles of causal attributions，ingroup identification，and perceived legitimacy of intergroup status. Personality and Social Psychology Bulletin，33（11）：1481-1491.

Costarelli S. 2012. Coping with intergroup threat via biased attributions to low group effort：the moderating roles of ingroup identification，legitimacy，and instability of intergroup status. Social Psychology，43（1）：47-59.

Crosby F. 1976. A model of egoistical relative deprivation. Psychological Review，83（2）：85-113.

Draucker C B，Martsolf D S，Ross R，et al. 2007. Theoretical sampling and category development in grounded theory. Qualitative Health Research，17（8）：1137-1148.

Eisenhardt K M. 1989. Building theories from case study research. The Academy of Management Review，14（4）：532-550.

Ellemers N，Bos A E R. 1998. Social identity，relative deprivation，and coping with the threat of position loss：a field study among native shopkeepers in Amsterdam. Journal of Applied Social Psychology，28（21）：1987-2006.

Ellemers N，van Knippenberg A，Wilke H. 1990. The influence of permeability of group boundaries and stability of group status on strategies of individual mobility and social change. British Journal of Social Psychology，29（3）：233-246.

Ellemers N，Wilke H，van Knippenberg A. 1993. Effects of the legitimacy of low group or individual status on individual and collective identity and enhancement strategies. Journal of Personality and Social Psychology，64（5）：766-778.

Fielding N，Fielding J. 1986. Linking Data：The Articulation of Qualitative and Quantitative Methods in Social Research. Beverly Hills，London：Sage.

Frank R H. 1985. Choosing the Right Pond：Human Behavior and the Quest for Status. Oxford：Oxford University Press.

Hambrick D C，Cannella A A，Jr. 1993. Relative standing：a framework for understanding departures of acquired executives. The Academy of Management Journal，36（4）：733-762.

Haspeslagh P C，Jemison D B. 1991. Managing Acquisitions：Creating Value Through Corporate Renewal. New York：Free Press.

Hogg M A，Terry D J. 2000. Social identity and self-categorization processes in organizational contexts. The Academy of Management Review，25（1）：121-140.

Kawakami K，Dion K L. 1995. Social identity and affect as determinants of collective action. Theory and Psychology，5：551-577.

Lee D，Kim K，Kim T G，et al. 2013. How and when organizational integration efforts matter in South Korea：a psychological process perspective on the post-merger integration. The International Journal of Human Resource Management，24（5）：944-965.

Lubatkin M，Schweizer D，Weber Y. 1999. Top management turnover in related M&As：an additional test of the theory of relative standing. Journal of Management，25（1）：55-74.

Pettigrew A. 1990. Longitudinal field research on change：theory and practice. Organization Science，1（3）：267-292.

Pettigrew T F. 2015. Samuel Stouffer and relative deprivation. Social Psychology Quarterly，78（1）：7-24.

Pettigrew T F. 2016. In pursuit of three theories authoritarianism, relative deprivation, and intergroup contact. Annual Review of Psychology, 67 (1): 1-21.

Ranft A L, Lord M D. 2000. Acquiring new knowledge: the role of retaining human capital in acquisitions of high-tech firms. The Journal of High Technology Management Research, 11 (2): 295-319.

Runciman W G. 1966. Relative Deprivation and Social Justice: A Study of Attitudes to Social Inequality in Twentieth Century England. Berkeley: University of California Press.

Smith H J, Pettigrew T F, Pippin G M, et al. 2012. Relative deprivation: a theoretical and meta-analytic review. Personality and Social Psychology Review, 16 (3): 203-232.

Tajfel H. 1981. Human Groups and Social Categories. Cambridge: Cambridge University Press.

Tajfel H, Turner J C. 1979. An integrative theory of intergroup conflict. The Social Psychology of Intergroup Relations, 47 (33): 74-90.

Tajfel H, Turner J C. 1986. The social identity theory of intergroup behavior//Worchel S, Austin W G. Psychology of Intergroup Relations. 2nd ed. Chicago: Nelson-Hall: 7-24.

Walker I, Pettigrew T F. 1984. Relative deprivation theory: an overview and conceptual critique. British Journal of Social Psychology, 23 (4): 301-310.

Weber U, Mummendey A, Waldzus S. 2002. Perceived legitimacy of intergroup status differences: its prediction by relative ingroup prototypicality. European Journal of Social Psychology, 32(4): 449-470.

Yin R K. 2003. Case Study Research: Design and Methods. 3rd ed. Thousand Oaks: Sage.

第6章 并购整合中群体相对地位与群体相对剥夺影响离职意愿的理论模型

鉴于前面几章的分析结论，即在并购整合这样的群体关系敏感、基于群体的社会身份容易得到凸显的情景下，员工更容易感知到群体而不是个体相对地位，也会更容易感知到群体相对剥夺而不是个体相对剥夺（Ellemers and Bos，1998；Kawakami and Dion，1993），因此，本章在分析相对地位与相对剥夺对离职意愿的影响时，聚焦在群体相对地位和群体相对剥夺上。本章将基于第 2 章的理论分析结论以及第 3 章、第 4 章和第 5 章关于并购整合中相对地位对离职意愿影响、相对剥夺对离职意愿影响以及相对地位与相对剥夺的影响关系等研究结论，进一步阐述并购整合中群体相对地位与群体相对剥夺对离职意愿影响的理论模型，具体包括并购整合中群体相对地位与群体相对剥夺对离职意愿影响的差异分析，以及群体相对地位与群体相对剥夺一同影响离职意愿的模型分析。

6.1 并购整合中群体相对地位与群体相对剥夺对离职意愿影响的差异

6.1.1 并购整合中员工感知到的群体相对地位和群体相对剥夺的差异

由于处在并购整合阶段的后并购组织，作为一种社会安排，包含并购方和被并购方两个群体（Hambrick and Cannella，1993；Hogg and Terry，2000；颜士梅等，2018；颜士梅和张钢，2020）。同时，并购双方群体之间的关系通常是敏感的、竞争导向的（Cho et al.，2014；Giessner et al.，2016；Haspeslagh and Jemison，1991；Hambrick and Cannella，1993；Hogg and Terry，2000）。因此，根据相对地位理论（Frank，1985；Hambrick and Cannella，1993；Ranft and Lord，2000），被并购方群体成员容易将自身所在群体的地位与近似社会安排中的并购方群体的地位进行比较，进而感知到自身所在群体的相对地位状况，即产生群体相对地位。该群体相对地位虽然并非实际群体地位，但会对被并购方员工的态度和行为产生影响（Frank，1985）。

在处于并购整合阶段的后并购组织中，被并购方群体相对于并购方群体在所有权上处于被收购的被动地位；同时，该阶段的后并购组织中的并购双方群体关系经常是竞争导向的，有时甚至充满敌意和征服氛围（Haspeslagh and Jemison，1991；Hogg and Terry，2000），而在竞争氛围尤其是征服氛围下的被并购方员工更容易感受到不被尊重、被强迫和不公平。根据相对剥夺理论（Pettigrew，2015，2016；Walker and Pettigrew，1984；Smith et al.，2012；Smith and Pettigrew，2015），被并购方员工容易感知到自己所在群体的低相对地位，并且也会认为这种低群体相对地位是不公平的，进而产生愤怒或者索要资格的情绪，即产生群体相对剥夺。

从上述分析可见，在处于并购整合阶段的后并购组织中，被并购方员工容易感知到低群体相对地位，有时也会产生群体相对剥夺感。然而，对比相对地位和相对剥夺的内涵可知其存在差异。具体地，群体相对地位是指个体感知到的自身群体与参照群体相比而言的地位，强调了地位差异，而没有包含价值判断和情绪内涵（Frank，1985；Hambrick and Cannella，1993；Lubatkin et al.，1999；Ranft and Lord，2000）。群体相对剥夺则是指个体对比自身群体与参照群体，并认为自身群体受到不公平待遇而导致状况变差，由此所产生的一种愤怒和不满意情绪；群体相对剥夺强调不公平对待的判断及由此而产生的愤怒情绪（Pettigrew，2015，2016；Smith et al.，2012）。概括而言，群体相对地位本质上是主观感知到的群体之间的地位差异，而群体相对剥夺则是感知到的不公平的群体之间总体状况的差异导致的一种消极情绪。

在后并购整合尤其后收购整合中，由于后并购组织中的并购双方群体的地位通常难以对等，故群体相对地位感知更为普遍，但是，并购双方群体仅仅有时会充满敌意（Haspeslagh and Jemison，1991；Hirsch，1986），进而有时会导致并购方群体对被并购方群体的不公平对待，出现相对剥夺感，因此，相比较于群体相对剥夺，被并购方群体成员更可能感知到群体相对地位。鉴于此，本章研究提出命题 6.1。

命题 6.1　并购整合中，被并购方群体成员相对于群体相对剥夺，更可能感知到群体相对地位。

6.1.2　并购整合中群体相对地位与群体相对剥夺影响离职意愿的可能差异

1. 并购整合中群体相对地位对离职意愿的可能影响

根据社会身份理论，人们的自我概念部分来自其所属群体，这种基于群体的身份就是个体的社会身份。个体社会身份界定的过程是个体对比自己所属内群体与所参照的外群体进而产生积极内群体偏见的过程，该过程是被积极身份需要即自尊需要所驱动（Bettencourt et al.，2001；Hogg and Terry，2000；Tajfel，1974）。这表明人们寻求社会身份是为了满足人们的自尊需要。该理论还进一步指出，当人们比较所属内群体与所参照的外群体而产生了消极社会身份感知时，会根据群体地位合法性、群体边界可渗透性和群体地位稳定性等情况，而采取个体向上流动、社会创造和群体竞争等不同的策略来获得积极社会身份，以满足其自尊需要（Bettencourt et al.，2001；Ellemers et al.，1990，1993；Tajfel，1981；Tajfel and Turner，1979）。

具体而言，在并购整合过程中，包含并购方群体和被并购方群体的后并购组织通常努力致力于实现有效整合双方群体的目标，即后并购组织努力获得高整合水平的组织。本书研究的对象企业皆处在努力进行高整合水平的并购整合阶段。整合水平具体是指后并购组织在技术、管理和文化结构上的变革程度（Pablo，1994；颜士梅和王重鸣，2006）。高整合水平的并购整合过程实质上是使并购双方群体建立对后并购组织认同的过程。这正如 Haunschild 等（1994）所强调的，并购是使一个或者两个组织放弃原来的组织身份而采用新的组织身份的过程。一般而言，并购方在所有权上占据主导地位，通常是后并购新组织的表征群体，故被并购方要按照并购方的管理体系和价值体系运行。这样，高整合水平的并购整合过程实质上就是被并购方群体放弃自己的原有身份而采纳并购方群体身份的过程。后并购组织为了有效整合被并购方，也通常会采取措施促进整合。鉴于此，在高整合水平的后并购组织中，并购双方群体的边界可渗透性就比较强，即从被并购方群体进入并购方群体的边界可穿透，并且被并购方群体被鼓励融入并购方群体。另外，在处于整合阶段的后并购组织尤其是后收购组织中，并购双方群体地位的稳定性也比较高，因为，如上所述，并购尤其是收购双方通常在股权上存在较大差异，而在2000年以后，尤其在今天的市场经济得以发展的中国，人们普遍认同具有所有权优势的一方就具有关键决策权的价值理念。总之，高整合水平的后并购组织虽然包含并购双方群体，但是，其客观上会具有群体边界可渗透性强、群体地位稳定性高的特征。高整合水平的后并购组织仅仅在其对整合目标认识不清或者整合策略运用不恰当时，才会使得后并购组织的上述特征无法得以充分体现。

据此，根据社会身份理论（Hogg and Terry，2000；Tajfel，1974；Tajfel and Turner，1979），在高整合水平的后并购组织中，群体相对地位的合法性就成为具有低群体相对地位的员工获取积极身份的关键影响因素。当具有低群体相对地位的员工认为并购双方群体地位及其差异的合法性高时，他们会容易接纳或者认同并购方群体及其所表征的后并购组织，在群体边界可渗透性高、群体地位稳定性高的条件下，具有低群体相对地位的成员或者被并购方群体成员更容易采取个体向上流动的策略，积极争取可能的岗位和机会，努力融入处在高群体相对地位的并购方群体及其所表征的后并购组织，进而获得积极身份以满足其自尊需要。此种情况下，正如第 5 章的案例分析结论所呈现的，低群体相对地位并不能导致高离职意愿或者行为，而可能导致接纳变革和学习适应等有利于有效整合的积极的态度与行为。

然而，当处在低群体相对地位的员工认为该地位合法性低或者不合法时，他们会难以接纳和认同处在高群体相对地位的并购方群体及其所表征的后并购组织，而更会认同自己的具有低地位的群体（Ellemers et al.，1993），而更加消极地看待并购方及其所表征的后并购组织，进而使得并购双方群体的关系更加紧张或者充满敌意（Hogg and Terry，2000；Stets and Burke，2000；Tajfel and Turner，1979），因此他们不会采取向上流动策略，此时的被并购方群体成员一般也不会采取社会创造的策略。这是因为社会创造策略是指具有低群体相对地位的成员通过在所确定的对自身群体能够产生更佳结果的新维度上与高地位群体成员进行对比，而获得积极身份（Bettencourt et al.，2001；Tajfel，1981；Tajfel and Turner，1979）；而认为该地位差异不合法的具有低群体相对地位的被并购方成员通过地位不合法的认知就已经否定了具有高群体相对地位的并购方成员的积极身份，并认为他们自己的群体身份具有积极性，就无须再进行彼此比较的新维度的创造。

那么，认为地位合法性低或者具有不合法低群体相对地位的被并购方员工，就更可能采用直接与具有高地位的并购方群体进行竞争的策略来获得积极身份，即采用社会竞争的策略（Bettencourt et al.，2001；Tajfel and Turner，1979）。但是，在后并购组织尤其是后收购组织中，并购双方群体股权的差异导致的地位差异的稳定性较高，进而使得社会竞争策略，如群体游行示威、群体冲突和群体抗争等行动，通常成为一个非常耗费群体时间、精力和资源的过程，有时还可能成为一个持续时间长、内耗严重，并充满失败风险的过程。这样，在处于整合阶段的后并购组织中，当感知地位不合法的具有低群体相对地位的被并购方成员认为在后并购组织内采取社会竞争策略的内耗严重、成本较高时，就会通过权衡组织内社会竞争策略的成本与离开组织的社会竞争策略的成本，而选择群体导向的离职行为这样的社会竞争策略来获取积极社会身份，即他们通过放弃与并购方群体的合作发展而到其他组织中获取积极社会身份。这样具有低群体相对地位的被并购方成员就会集中或者陆续准备离开或者离开后并购组织，继而导致高的离职意愿或者离职行为。总之，在高整合水平的后并购组织中，感知地位不合法的低群体相对地位成员所采取的社会竞争策略可以基于群体地位稳定性所导致的成本的权衡而分为留组织社会竞争策略和离组织社会竞争策略，前者如群体抗议、群体冲突等，后者如群体导向的离职等。

概括上述分析可以发现，在高整合水平的后并购组织情景下，具有地位合法性或者地位合法性高的低群体相对地位并不会导致高离职意愿；不具有地位合法性或者地位合法性低的低群体相对地位则可能导致留组织的群体抗议或者冲突等社会竞争行动，也可能导致离组织的群体导向的离职意愿或者行为等社会竞争策略。因此，在并购整合中，低群体相对地位既可能导致低离职意愿，也可能导致高离职意愿；其是否能够导致高离职意愿的关键因素是地位合法性。

2. 并购整合中群体相对剥夺对离职意愿的可能影响

如上所述，群体相对剥夺是基于对比内群体与所参照的外群体的总体状况之后产生了不公平感知，进而产生的一种愤怒的情绪（Pettigrew，2015，2016；Smith et al.，2012；Walker and Pettigrew，1984），因此，根据社会身份理论，群体相对剥夺实质上是群体成员感知其消极身份的获得是被动的，是不合理、合规和合情的（Costarelli，2007；Ellemers et al.，1990；Tajfel and Turner，1979）。这样，在群体边界渗透性强、群体稳定性较高的高整合水平的后并购组织中，具有群体相对剥夺感的被并购方群体成员认为其与并购方群体相比的总体状况要差并且是不公平的，因此处在愤愤不平的情绪之中。如上分析，基于不公平感知，他们就难以采取向上流动策略或者社会创造策略来获得积极身份，因此，他们会在后并购组织内，选择通过社会竞争策略来寻求积极身份和自尊。但是，后并购组织中的并购双方群体地位的稳定性通常比较高，在此种情况下，他们尝试或者认为留组织的群体抗议和冲突等社会竞争策略运行的成本就会高，那么他们就会选择离组织的社会竞争策略，如群体离职。

总之，在并购整合中，群体相对剥夺或者导致群体抗议和冲突，或者导致高离职意愿；而当并购双方地位稳定性高，即通过群体竞争策略而获取积极身份的成本高时，群体相对剥夺就会导致离职意愿或者离职行为。

3. 分析小结

概括并购整合中被并购方员工群体相对地位和群体相对剥夺及其相关影响关系的分析能够发现，低群体相对地位可以导致向上流动策略或者留组织社会竞争策略以及离组织社会竞争策略的采取，进而可能导致低离职意愿，也可能导致高离职意愿；而低群体相对剥夺则会导致留组织社会竞争策略或者离组织社会竞争策略的采取，更可能导致高离职意愿。总之，并购整合中，相比于群体相对地位，群体相对剥夺更可能导致离职意愿。鉴于此，本章研究提出命题 6.2。

命题 6.2 并购整合中，相比于群体相对地位，群体相对剥夺对离职意愿的影响效应会更强。

6.2 并购整合中群体相对地位与群体相对剥夺影响离职意愿的机制

上述分析聚焦在并购整合中群体相对地位与群体相对剥夺分别对离职意愿的可能影响及其差异上。本部分则集中分析并购整合中群体相对地位与群体相对剥夺一同影响离职意愿的内在机制。

在社会身份理论的视角下，人们通过归属特定群体，进而获取积极社会身份以满足人类根本的自尊需要（Hogg et al.，1995；Hogg and Terry，2000；Tajfel，1974）。据此，并购整合中，当人们感知到低群体相对地位时，是被并购方群体成员对比自己所在群体与近似社会安排中所参照的并购方群体之后，而无法从所属内群体获得积极身份的状况。但是，被并购群体成员的低群体相对地位可以分为具有合法性的（或者合法性高的）低群体相对地位和不具有合法性的（或者合法性低的）低群体相对地位。正如 6.1 部分所分析，在高整合水平的后并购组织中，并购双方群体具有边界可渗透性高、群体地位稳定性高的特征。那么，具有合法性的（或者合法性高的）低群体相对地位就不会导致高离职意愿或者行为，而会导致对具有高相对地位的群体进行接纳和认同的态度与行为，因为个体成员会采纳向上流动策略而获取积极社会身份（Bettencourt et al.，2001；Tajfel and Turner，1979）。在不具有合法性的（或者合法性低的）低群体相对地位的情况下，一方面，在市场导向的企业中，高整合水平的后并购组织旨在快速整合并购双方群体以适应市场竞争和组织发展的需要，而不会允许并购双方群体的对峙、冲突和内耗，因此，采取留组织社会竞争策略的成本通常较高。另一方面，人们对基于股权差异的地位差异较为认同，因此群体地位稳定性较高；这样，不具有合法性的（或者合法性低的）低群体相对地位的成员更可能采用群体导向的离职等离组织社会竞争策略。鉴于此，不具有合法性的（或者合法性低的）低群体相对地位更可能导致高离职意愿。由此可以发现在群体相对地位对离职意愿的影响关系中，存在一个关键边界条件，即地位合法性。本书第 3 章的案例分析也发现了该结论。

在并购整合情景下，不具有合法性的（或者合法性低的）低群体相对地位意味着具有低群体相对地位的成员感知到了不公平；而这种不公平感知会进一步导致不满和气愤情绪。这样，群体相对剥夺感就产生了（Kawakami and Dion，1993；Walker and Pettigrew，1984）。由此可见，不具有合法性的（或者合法性低的）低群体相对地位是群体相对剥夺的构成部分（Walker and Pettigrew，1984；Weber et al.，2002）。Kawakami 和 Dion（1993，1995）的分析也强调，人们与参照群体进行对比而产生了消极社会身份，当其认为该消极社会身份不公平时，会产生群体相对剥夺感。根据社会身份理论（Hogg and Terry，2000；Tajfel，1974；Walker and Pettigrew，1984），群体相对剥夺又会直接导致积极身份寻求的留组织社会竞争策略或者离组织社会竞争策略。如前所述，对市场导向的高整合水平的企业并购而言，鉴于群体地位的稳定性较高，群体相对剥夺更可能导致群体离职这样的离组织竞争策略。因此，在并购整合中的高群体相对剥夺就导致高离职意愿。

概括上述分析可以发现，在并购整合中，低地位合法性下群体相对地位能够直接负向影响离职意愿；群体相对地位也能够通过直接负向影响群体相对剥夺，进而负向影响离职意愿。但是，高地位合法性下群体相对地位却不一定能够负向影响离职意愿。鉴于此，本章结合第 3 章和第 5 章的分析结论，提出如下两个命题。

命题 6.3　并购整合中，在低地位合法性条件下，群体相对地位能够直接负向影响离职意愿；也能够通过直接负向影响群体相对剥夺进而负向影响离职意愿。

命题 6.4　并购整合中，在群体相对地位直接影响离职意愿和直接影响群体相对剥夺的关系中，地位合法性都扮演关键调节者的角色。具体而言，在低地位合法性下，群体相对地位能够直接负向影响离职意愿，也能够直接负向影响群体相对剥夺；但在高地位合法性下，则不能影响。

概括上述分析具体如图 6.1 所示。

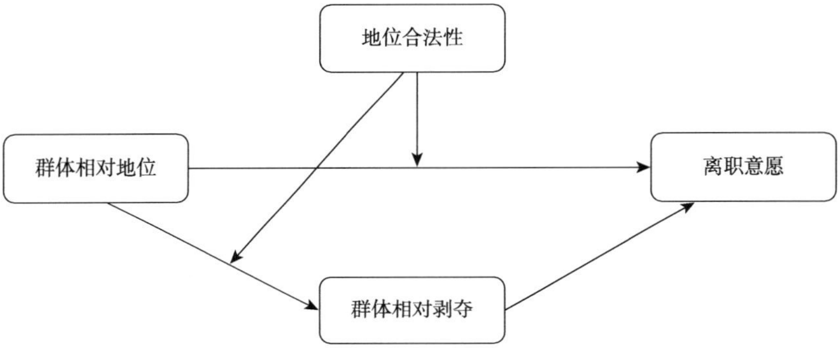

图 6.1　并购整合中，群体相对地位与群体相对剥夺影响离职意愿的机制

6.3　并购整合中群体相对地位与群体相对剥夺影响离职意愿中的关键点

在分析并购整合中群体相对地位与群体相对剥夺影响离职意愿问题时，有几个敏感而又关键的点特别需要强调。

1. 整合水平

本书所研究的后并购组织皆处于旨在有效整合并购双方群体的整合阶段，即高整合水平的后并购整合阶段。以往研究认为并购活动通常包含前并购阶段、并购计划阶段、并购宣布阶段、初始并购阶段、正式法律上的并购阶段、后并购阶段和心理并购阶段共七个阶段，并且强调每个阶段都具有不同特征，继而存在匹配于该阶段特征的关键管理问题和风险（Buono and Bowditch，1989；Dempsey and Mckevitt，2001；颜士梅，2012；颜士梅等，2013）。本章研究聚焦在后并购阶段上，即正式法律并购之后的整合阶段。该阶段旨在有效整合并购双方群体，进而使得并购双方真正成为一个统一整体，即整合水平高（Pablo，1994）。本书研究聚焦在高整合水平的后并购组织中的员工离职意愿问题上。在高整合水平的后并购组织中，并购双方群体才被鼓励跨越群体边界而彼此融合，被并购方群体也被鼓励和引导积极融入并购方群体及其所代表的后并购组织；同时，在市场经济下的并购尤其收购双方基于股权差异的地位差异稳定。这样，该阶段的并购双方的群体边界可渗透性强，而并购双方群体地位的稳定性较高。

总之，在并购整合阶段，高整合水平的后并购组织具有并购双方群体边界可渗透性强、群体稳定性高的特征。本章研究正是聚焦在该类后并购组织尤其是后收购组织中。

那么，是否存在整合水平低、群体边界渗透性弱，而群体地位稳定性低的后并购组织呢？无论在理论上还是在实践中都会存在该类组织。如果并购双方群体各自皆具有知识和技能的独特性，其各自皆对组织绩效的可能贡献较大，并且后并购组织没有要求进行高整合水平的后并购整合；那么，包含这样两个群体的后并购组织就会具有群体边界渗透性弱、群体地位稳定性低的特征。当然，该类后并购组织也会存在群体之间的冲突和内耗，因为在近似安排中的势均力敌的两个后并购群体更加可能存在竞争关系（Hogg and Terry，2000），也可能更容易高估自己的价值和地位而低视另一方的价值和地位，容易存在内群体偏见，继而导致群体之间的矛盾、冲突和敌视（Bettencourt et al.，2001；Hogg and Terry，2000；Tajfel，1974）。一般而言，面对极大的绩效压力，强调有效整合的市场导向的企业间并购，尤其是收购，其股权和地位差异以及决策权和主导权差异明显且相对稳定，因此，很难在处于整合阶段的后并购组织中形成这样势均力敌的两个群体，也很难承载两个群体之间的较长时间的对峙和内耗。

然而，在绩效压力不大、注重知识异质性和多群体等效贡献、不强调将并购双方群体整合为一个统一整体的组织（即低整合水平的组织），就可能会使势均力敌的并购双方或者多方群体得以存在和延续。这样的群体通常具有群体边界清晰且可渗透性弱、群体地位稳定性不高的特征，内群体偏见和群体之间的对峙或者冲突以及获得高地位的抗争也更容易形成和存续。长期发展之后，势均力敌的群体之间的制衡就可能成为后并购组织的一种常态治理模式。在该类以群体制衡为治理基础的后并购组织中，难以存在和维系集中的权威，资源和权力被均衡到不同群体，基于群体的认同可能强于基于组织的认同，这类后并购组织的特征以及优劣势还需要进一步深入探讨。

概括而言，后并购组织可以基于整合水平分为 A 和 B 两类：A 类为基于高整合水平的群体边界渗透性强、群体地位稳定性高的后并购组织尤其是后收购组织。该类后并购组织旨在形成一致的后并购组织认同，进而让并购双方员工具有凸显的基于后并购组织的社会身份。B 类为基于低整合水平的群体边界渗透性弱、群体地位稳定性低的后并购整合组织。在该类后并购组织中，会形成群体认同强于后并购组织认同的现象，组织成员相对于基于后并购组织的社会身份，往往具有更为凸显的基于自身所在群体的社会身份。不同类别的后并购组织具有不同的特征和关键问题。在 A 类后并购组织情景下，群体相对地位、群体相对剥夺、离职行为和意愿、社会身份的动态变化以及促进合作问题会成为突出问题；而在 B 类后并购组织情景下，群体冲突与共生以及多重身份问题则会成为特别值得讨论和研究的问题。本章研究聚焦在 A 类后并购组织上。由此可见，整合水平高的 A 类后并购组织才使相对地位和相对剥夺及其对离职意愿的影响问题突出，才使得针对该问题的研究特别必要并具有意义；而在整合水平低的 B 类后并购组织中，相对地位、相对剥夺和离职问题就可能不会成为最为重要的问题。总之，整合水平在一定程度上决定了本章研究问题重要与否，也是本章研究模型成立的一个关键条件因素。

2. 地位合法性

在讨论并购整合中群体相对地位与群体相对剥夺影响离职意愿中的第二个敏感而又关键的点是地位合法性。因为在 A 类后并购组织情景下，具有低群体相对地位的成员（一般为被并购群体成员）在高地位合法性与低地位合法性条件下，可能会采取完全不同的积极身份寻求策略（Ellemers et al.，1990，1993；Tajfel and Turner，1979），进而产生截然不同的态度和行为。具体而言，在高地位合法性条件下，具有低群体相对地位的成员更容易接纳和认同具有高群体相对地位的群体，体现出有利于整合的态度和行为；而在低地位合法性条件下，具有低群体相对地位的成员则会根据成本而可能采取不利于后并购组织整合的留组织社会竞争策略，也可能会采取群体导向的离职行为等离组织竞争策略，还会通过群体相对剥夺感的产生进而采取留组织或者离组织社会竞争策略。这样，在 A 类后并购组织中，地位合法性的高或者低，在一定程度上决定着具有低群体相对地位成员是否产生有利于整合的情绪、态度和行为，是否会导致离职意愿和行为。鉴于此，地位合法性在群体相对地位影响群体相对剥夺以及离职意愿的过程中，就成为一个敏感而又关键的变量。本书第 2 章、第 3 章和第 5 章都针对该点在一定程度上进行了较为深入的分析，在此仅做概括和进一步的强调，不再赘述。

3. 积极身份寻求成本

社会身份理论强调，当人们感知自己拥有消极的社会身份时，会根据群体边界可渗透性、群体地位稳定性和地位合法性等因素，而采取向上流动、社会创造或者社会竞争等不同策略来获取积极身份（Bettencourt et al.，2001；Ellemers et al.，1990，1993；Tajfel，1981；Tajfel and Turner，1979）。但是，该理论相对缺乏具体关注和讨论积极身份寻求成本问题，也鲜有区分在组织内与在组织外的积极身份寻求及其成本问题。并购整合中员工的积极身份寻求不但涉及在现有后并购组织内的积极身份寻求策略，而且涉及离开组织的积极身份寻求策略，并且，选择留组织寻求积极身份还是离组织寻求积极身份还会考虑成本问题。

正如上述所分析，在 A 类后并购组织中，低地位合法性下，具有低群体相对地位的成员可以在组织内寻求积极身份，也可以离开组织而寻求积极身份；这样，就可能采取留组织社会竞争策略或者离组织社会竞争策略。同样，在低地位合法性下，低群体相对地位可以通过导致高群体相对剥夺感，进而影响留组织或者离组织社会竞争策略的选择。然而，在今天中国的市场导向的并购企业中，由于并购双方尤其收购双方基于股权差异的地位差异普遍得到认可，即群体地位稳定性高，故对具有低群体相对地位的被并购企业员工而言，群体抗议和冲突等留组织社会竞争策略通常意味着，容易造成群体之间的敌意和内耗，获取积极身份的成本较高。另外，绩效压力大又强调高整合水平的后并购组织也难以允许并购双方群体高成本、长时间的冲突和内耗。总之，今天的市场导向的高整合水平后并购企业中，留组织社会竞争策略会造成积极身份寻求的成本高。鉴于此，低群体相对地位成员在权衡通过留组织与离组织社会竞争策略而获取积极身份的成本之后，进而选择成本不那么高的社会竞争策略，即群体导向的离职。由此可见，在 A 类后并购组织中，低地位合法性下，积极身份寻求成本会成为具有低群体相对地位成员或者具有群体相对剥夺感的成员选择留组织还是离组织社会竞争策略的关键影响因素。

概括并购整合中群体相对地位与群体相对剥夺影响离职意愿中三个关键点的分析结论具体如表 6.1 所示。

表 6.1 并购整合中群体相对地位与群体相对剥夺影响离职意愿的三个关键点

<table>
<tr><td colspan="4">关键点一：整合水平</td></tr>
<tr><td colspan="3">A 类后并购组织
（高整合水平、高群体边界可渗透性、高群体地位稳定性）</td><td>B 类后并购组织
（低整合水平、低群体边界可渗透性、低群体地位稳定性）</td></tr>
<tr><td colspan="3">关键点二：地位合法性</td><td rowspan="4">群体制衡机制/多重认同次序</td></tr>
<tr><td>高地位合法性</td><td colspan="2">低地位合法性
（高群体相对剥夺）</td></tr>
<tr><td rowspan="2">留组织向上流动策略
（学习适应/接纳变革）</td><td colspan="2">关键点三：积极身份寻求成本</td></tr>
<tr><td>留组织社会竞争
（群体抗议/群体冲突）</td><td>离组织社会竞争
（群体导向的离职意愿/行为）</td></tr>
</table>

注：表中的虚线箭头表征本章分析的具体路径

总之，并购整合中群体相对地位与群体相对剥夺对离职意愿的影响机制的分析建立在高整合水平、低地位合法性及高留组织积极身份寻求成本这三个关键条件上。鉴于本书研究主要以市场导向的并购企业尤其是收购企业为研究的对象组织，并且其处在强调有效整合的并购整合阶段，因此，高整合水平和高留组织积极身份寻求成本即成为前提条件，这样，地位合法性就成为直接进入群体相对地位与群体相对剥夺对离职意愿影响模型的至关重要的敏感影响变量。

6.4 本 章 小 结

本章在前面几章分析的基础上，系统阐述了并购整合中群体相对地位与群体相对剥夺影响离职意愿的机制，初步明确：①在处于并购整合阶段的后并购组织中，相对于群体相对剥夺，员工会更普遍感知到群体相对地位。②在处于并购整合阶段的后并购组织中，群体相对剥夺比群体相对地位影响离职意愿的效应会更大。③在处于并购整合阶段的后并购组织中，地位合法性在群体相对地位直接影响离职意愿或者直接影响群体相对剥夺的过程中扮演关键调节者的角色。具体地，在低地位合法性下，群体相对地位能够直接负向影响离职意愿，也能够直接负向影响群体相对剥夺，但是在高地位合法性下，群体相对地位与离职意愿和群体相对剥夺之间都不存在明显的影响关系。④在处于并购整合阶段的后并购组织中，低地位合法性下，群体相对地位不仅可以直接负向影响离职意愿，也可以通过直接负向影响群体相对剥夺进而影响离职意愿。⑤在并购整合中群体相对地位与群体相对剥夺影响离职意愿的机制中，存在三个关键条件因素，即整合水平、地位合法性及积极身份寻求成本。由于本章研究聚焦高整合水平的后并购企业，故高整合水平和高留组织积极身份寻求成本随即成为确定的前提条件，而地位合法性则直接进入机制模型，继而成为特别关键的调节变量。

参 考 文 献

颜士梅. 2012. 创业型并购不同阶段的知识员工整合风险及其成因——基于 ASA 模型的多案例分析. 管理世界，(7)：108-123.

颜士梅，陈丽哲，张钢. 2018. 并购情境下领导群体原型典型性与下属上向信任的关系——组织身份凸显性的调节作用. 浙江大学学报（人文社会科学版），48（3）：217-230.

颜士梅，等. 2013. 创业型并购中的知识员工整合风险研究. 北京：科学出版社.

颜士梅，王重鸣. 2006. 并购式内创业中的人力资源整合研究. 北京：人民出版社.

颜士梅，张钢. 2020. 并购整合中身份凸显性转化以及对离职意愿的影响：多案例研究. 管理世界，(8)：71-87.

Bettencourt B A, Dorr N, Charlton K, et al. 2001. Status differences and in-group bias: a meta-analytic examination of the effects of status stability, status legitimacy, and group permeability. Psychological Bulletin，127（4）：520-542.

Buono A F, Bowditch J L. 1989. The Human Side of Mergers and Acquisitions. San Francisco：Jossey Bass.

Cho B，Lee D，Kim K. 2014. How does relative deprivation influence employee intention to leave a merged company? The role of organizational identification. Human Resource Management, 53（3）：421-443.

Costarelli S. 2007. Intergroup threat and experienced affect：the distinct roles of causal attributions, ingroup identification，and perceived legitimacy of intergroup status. Personality and Social Psychology Bulletin，33（11）：1481-1491.

Dempsey M, Mckevitt D. 2001. Unison and the people side of mergers. Human Resource Management

Journal，11（2）：4-16.

Ellemers N，Bos A E R. 1998. Social identity，relative deprivation，and coping with the threat of position loss：a field study among native shopkeepers in Amsterdam. Journal of Applied Social Psychology，28（21）：1987-2006.

Ellemers N，van Knippenberg A，Wilke H. 1990. The influence of permeability of group boundaries and stability of group status on strategies of individual mobility and social change. British Journal of Social Psychology，29（3）：233-246.

Ellemers N，Wilke H，van Knippenberg A. 1993. Effects of the legitimacy of low group or individual status on individual and collective identity and enhancement strategies. Journal of Personality and Social Psychology，64（5）：766-778.

Frank R H. 1985. Choosing the Right Pond：Human Behavior and the Quest for Status. Oxford：Oxford University Press.

Giessner S R，Horton K E，Humborstad S W. 2016. Identity management during organizational mergers：empirical insights and practical advice. Social Issues and Policy Review，10（1）：47-81.

Hambrick D C，Cannella A A，Jr. 1993. Relative standing：a framework for understanding departures of acquired executives. The Academy of Management Journal，36（4）：733-762.

Haspeslagh P C，Jemison D B. 1991. Managing Acquisitions：Creating Value Through Corporate Renewal. New York：Free Press.

Haunschild P C，Moreland R，Murrell A. 1994. Sources of resistance to mergers between groups. Journal of Applied Social Psychology，24：1150-1178.

Hirsch P M. 1986. From ambushes to golden parachutes：corporate takeovers as an instance of cultural framing and institutional integration. The American Journal of Sociology，91（4）：800-837.

Hogg M A，Terry D J. 2000. Social identity and self-categorization processes in organizational contexts. The Academy of Management Review，25（1）：121-140.

Hogg M A，Terry D J，White K M. 1995. A tale of two theories：a critical comparison of identity theory with social identity theory. Social Psychology Quarterly，58：255-269.

Kawakami K，Dion K L. 1993. The impact of salient self-identities on relative deprivation and action intentions. European Journal of Social Psychology，23：525-540.

Kawakami K，Dion K L. 1995. Social identity and affect as determinants of collective action. Theory and Psychology，5：551-577.

Lubatkin M，Schweizer D，Weber Y. 1999. Top management turnover in related M&As：an additional test of the theory of relative standing. Journal of Management，25（1）：55-74.

Pablo A L. 1994. Determinants of acquisition integration level：a decision-making perspective. The Academy of Management Journal，37（4）：803-836.

Pettigrew T F. 2015. Samuel stouffer and relative deprivation. Social Psychology Quarterly，78（1）：7-24.

Pettigrew T F. 2016. In pursuit of three theories authoritarianism，relative deprivation，and intergroup contact. Annual Review of Psychology，67（1）：1-21.

Ranft A L，Lord M D. 2000. Acquiring new knowledge：the role of retaining human capital in acquisitions of high-tech firms. The Journal of High Technology Management Research，11（2）：295-319.

Smith H J，Pettigrew T F. 2015. Advances in relative deprivation theory and research. Social Justice Research，28（1）：1-6.

Smith H J，Pettigrew T F，Pippin G M，et al. 2012. Relative deprivation：a theoretical and meta-analytic review. Personality and Social Psychology Review，16（3）：203-232.

Stets T E，Burke P J. 2000. Identity theory and social identity theory. Social Psychology Quarterly，63（3）：224-237.

Tajfel H. 1974. Social identity and intergroup behavior. Social Science Information，13（2）：65-93.

Tajfel H. 1981. Human Groups and Social Categories. Cambridge：Cambridge University Press.

Tajfel H，Turner J C. 1979. An integrative theory of intergroup conflict. The Social Psychology of Intergroup Relations，47（33）：74-90.

Walker I，Pettigrew T F. 1984. Relative deprivation theory：an overview and conceptual critique. British Journal of Social Psychology，23（4）：301-310.

Weber U，Mummendey A，Waldzus S. 2002. Perceived legitimacy of intergroup status differences：its prediction by relative ingroup prototypicality. European Journal of Social Psychology，32（4）：449-470.

第 7 章　并购整合中地位合法性的确立策略

鉴于第 3 章的分析结果已经间接表明，而第 4 章、第 5 章及第 6 章的分析结论则直接表明，在并购整合中，并购双方群体之间的地位差异会普遍存在；并且，就具有低群体相对地位的成员而言，群体之间的地位差异本身并不必然导致他们的不利于组织有效整合的态度和行为；然而，具有低合法性的并购双方群体之间的地位差异却会引致他们的相对剥夺感等负面情绪，还会导致他们的可能摧毁整合的群体抗争或者离职意愿和行为。因此，地位合法性就成为高地位群体及其所表征的后并购组织在整合过程中需要特别关注的核心因素。那么，强调有效整合并购双方群体的后并购组织如何确立地位合法性呢？本章基于已有地位合法性的相关研究结论，通过分析本书前面章节中所涉及的十家案例企业的相关资料，尝试回答该问题，进而初步明确并购整合中地位合法性的确立策略。

7.1　地位合法性内涵及来源

组织的生存与发展依赖合法性，并且合法性也是理解群体与组织行为的基石（Cathryn et al.，2006；Meyer and Rowan，1977）。根据 Bitektine 等（2020）的观点，合法性可以分为认知合法性（cognitive legitimacy）和社会政治合法性（sociopolitical legitimacy）两种。认知合法性是指关于一个组织或者类别知识的传播，而一个组织或者类别知识的传播取决于在该类别中的组织的过去历史和盛行程度。对一个给定的类别而言，一个组织的典型性越强，从这个类别转移到组织的合法性就越多。另外，一个组织与评价者头脑中已经建立起来的认知类别越是很好地匹配，评价者认为该组织的认知合法性就越高。一个组织的社会政治合法性则反映了在给定现存的规范和法律下，对该组织及其实践与结果进行规范评价、质疑、辩护并接受为合适和正确的过程。一个组织越是满足或者超出了评价者的规范期望，评价者认为该组织的社会政治合法性更高。总起来看，认知合法性强调评价者将一个组织与自己的内隐类别原型比较而得出合法性与否的结论，而社会政治合法性则强调评价者与其社会规范期望比较而得出合法性与否的结论。以往研究更多将合法性视为后者。这正如 Zelditch（2001）所论述的，假如某事或者某组织与一个群体所接受的规范、价值、信仰、实践和程序一致，那么其就具有合法性。合法性是权威、制度或者社会安排的心理属性，其导致相关人员相信这些权威、制度或者社会安排是合适的、正确的和公正的（Tyler，2006）。合法性不仅包括权威、制度、政治的合法性，也包括层级、财富或者地位等的合法性（Zelditch，2001）。本书研究中的合法性聚焦在地位合法性（the legitimacy of status/status legitimacy）上。地位合法性是社会身份理论中的一个核心概念（Scheepers et al.，2002），具体指高与低地位群体将该地位结构视为合法的程度（Bettencourt and Bartholow，1998；Bettencourt et al.，2001；Tajfel and Turner，1979；Verkuyten and Reijerse，2008）。由 Costarelli（2007，2012）、Weber 等（2002）、Schmader 等（2001）针对地位合法性的测量可知，地位合法性可以通过合理、正确和合规这三个侧面来具体体现。以往研究强调地位合法性是人们感知到的结果，因此在论及地位合法性时会用感知到的地位合法性或者地位合法性感知来表征（Schmader et al，2001；Terry and O'Brien，2001；Weber et al.，2002）。

就地位合法性确立的来源而言，根据 Weber（1968）、Tyler（2006）的观点，其有三个来源：一是传统的习惯和价值，即人们认可和顺从的已经形成的习惯和价值；二是具有魅力的权威者特征和行动，即权威者所具有的能够让人们虔诚的特征和行动；三是理性的规则创造和解释，即能够使人们获得利益或者现实目标的规则的创建和意义阐释。这三个来源具体化到并购整合情景下，为并购双方群体共享的已存在的习惯和价值，作为权威者的高相对地位群体（通常是并购方群体）的有吸引力的特征和行动，高相对地位群体或者后并购组织的理性的规则创造和解释。如前所述，由于在并购中，通常并购方具有高群体相对地位，并且是后并购组织的代言群体，故本章中地位合法性虽然是指并购双方的地位差异的合法性，实际上就是指高相对地位群体或者并购方及其所代言的后并购组织的地位合法性问题。本章将基于这三个来源来具体分析并购整合中的后并购组织地位合法性的确立策略。

7.2 并购整合中确立地位合法性的策略

7.2.1 研究思路和研究方法

本章研究将基于上述地位合法性内涵与来源的分析结论，首先，概览本书前面几章分析涉及的所有案例，这些案例皆为作者在不同时间获取的第一手资料；其次，基于质性内容分析方法，尝试分析这些案例中关于后并购组织（或者高相对地位群体）确立地位合法性的相关资料，进而发现地位合法性确立的具体策略。

本书第 3 章针对 CDM 合并案例、EFA 收购案例、JKA 收购案例和 LMA 收购案例进行了分析，第 4 章分析了 XAE（即 LMA）收购案例、YAF 收购案例和 ZAG 收购案例，第 5 章则聚焦 ISA 收购案例、OPA 收购案例、UXA 收购案例和 VYA 收购案例。概括所分析的这十个并购案例的高相对地位群体及其地位合法性情况，具体如表 7.1。

表 7.1 十个案例的高相对地位群体及其地位合法性

序号	案例	企业并购类型	整合年份	高相对地位群体	地位合法性
1	CDM	国有企业合并	2017	占 49%股权的合并一方	高
2	EFA	民营收购国有	2018	占股权 100%的收购方	高
3	JKA	外资收购外资	2020	占股权 100%的收购方	高
4	LMA（XAE）	民营收购民营	2018	占股权 100%的收购方	低
5	YAF	民营收购民营	2016	占股权 100%的收购方	高
6	ZAG	民营收购外资	2017	占股权 100%的收购方	高（整合前低、整合后变高）
7	ISA	民营收购国有	1998	占股权 100%的收购方	低（后来变高）
8	OPA	国有收购国有	2005	占股权 100%的收购方	低
9	UXA	民营收购国有	2017	占股权 100%的收购方	高
10	VYA	外资收购民营	2019	占股权 60%的收购方	高

由表 7.1 可以发现，在本书所分析的十个并购整合案例中，收购案例为九个，合并案例为一个。就处在整合阶段的九个收购案例而言，拥有高群体相对地位者皆为占股权具有绝对优势的收购方，并且该收购方群体代表着后并购组织，但是，其中的 LMA、ISA 和 OPA 三个收购案例的高群体相对地位的地位合法性都低，其他六个收购案例的地位合法性则皆高。就处在整合阶段的唯一合并案例 CDM 而言，占股权具有略微劣势的合并一方却具有高群体相对地位，并且还拥有高的地位合法性。本章研究将结合地位合法性高以及地位合法性低的案例，分析其地位合法性高或者低的原因，探索其地位合法性的来源，据此进一步明确并购情景下的地位合法性确立的具体策略。

7.2.2　地位合法性的确立策略分析

首先，针对并购双方群体地位差异具有高地位合法性的一个合并案例和六个收购案例进行分析，初步探索高地位合法性的直接原因和地位合法性的来源；其次，针对并购双方群体地位差异具有低地位合法性的三个收购案例进行探讨，初步揭示低地位合法性的直接原因和地位合法性的来源；最后，总结分析结论，进一步明确在并购整合中，拥有高群体相对地位群体或者后并购组织确立地位合法性的策略。

1. 针对并购双方群体地位差异具有高地位合法性的七个案例的分析

并购双方群体地位差异具有高地位合法性的七个案例分别为 CDM、EFA、JKA、YAF、ZAG、UXA 和 VYA。

就 CDM 案例而言，其是由国有企业 C 方公司与国有企业 D 方公司对等数量的人员合并而成的新国有小公司。C 方所占股权为 51%，D 方所占股权为 49%。占股略居劣势的 D 方却具有高合法性的高群体相对地位。正如第 3 章所分析的，其主要原因是 D 方虽然不具有股权优势，但却具有能够促进后并购组织发展的知识优势，具体包括有利于后并购组织发展的业务知识优势和管理知识优势。这正如低群体相对地位的 C 方被访谈者所一致明确表达的：“D 集团过来的人肯定从技术、管理上更先进，跟着他们是一个磨合和学习过程”，“他们综合能力强”，“他们学历、能力都很高，他们思想上更先进些”，“D 集团理念比较超前”，“人家有专业知识，要尊重他们”。可见，就群体而言，D 群体及其成员比 C 群体及成员在后并购组织中的相对地位高，但 C 群体成员普遍认为其地位合法性高；其原因是相比于 C 群体及其成员，D 群体及其成员拥有业务和管理上的知识优势，这些知识使得 C 群体及其成员在该组织中独具吸引力，进而构成了如前所述的第二种合法性来源，即高地位群体的有吸引力的特征和行动。

就 EFA 案例而言，其是大型民营企业 E 方全资收购中型国有企业 F 方而形成的组织。在并购整合阶段，收购方 E 方群体具有高群体相对地位，并且被收购方 F 群体及其成员认可其地位合法性。具有高群体相对地位的 E 方之所以具有高地位合法性的原因有三个：一是 E 群体在股权上为 100%所有，具有绝对优势，随即也拥有了低相对地位群体 F 方认可的决策和管理权。这正如 F 方的被访谈者所说："如果公司不聘你，就说明你不太合适了。"二是在并购后，并购方 E 群体在对被并购方 F 群体成员进行股份转换的补偿之后，积极投资 F 群体所从事的业务及其所在厂房的建设，投资额度高达 15 亿元，进而有力地帮助了 F 群体所在业务的发展。这样，E 群体具有资金优势，并落实了对 F 群体所在业务的巨额投资的行动。一位被并购方 F 群体成员就明确到："人家投入那么多，当然要有所要求。"三是在对被并购方的管理上，虽然引入了 E 方更加高效的基于绩效的管理体系，但却人性化地逐步推进，并保留了被并购方原来的福利。这正如具有低群体相对地位的被并购方成员所述及的："并购之后的变化是逐步合理的"，"公司以人为本做得好"等。这样，E 群体的高相对地位就得到低群体相对地位者的接纳和认同。由此可见，在后并购组织中，E 群体与 F 群体的地位差异之所以合法性高，是因为并购双方群体都认可"具有所有权优势的群体就具有高群体相对地位"这一价值理念；是因为 E 群体的投资行动对 F 群体而言，具有吸引力；是因为 E 群体构建了更为理性的并购整合的规则和体系。总之，高群体相对地位 E 方的高地位合法性来自双方群体共享的习惯和价值、权威群体有吸引力的特征和行动以及理性的规则创造和解释这三个源。

在 JKA 案例中，大型外资企业 J 集团收购了大型外资企业 K 集团下的一个事业部，JKA 是其中的一个被收购的 250 人左右的分公司。收购方具有高群体相对地位，并且被收购方群体及其成员认为其具有高地位合法性。之所以如此，一是由于收购方 J 集团占股 100%，具有股权的绝对优势；而被并购方成员一致认为具有股权绝对优势的并购方理应拥有高地位。被访谈的被并购方成员普遍认为："他们是 100%收购，有全权决定权"，"人家有自己的套路，接受就完了"，"不接受，就走人"。这表明，并购双方就"拥有股权绝对优势的一方理应拥有高地位"这一价值完全一致并接受。二是 J 公司在并购整合的推进上循序渐进并体现出公平性。被并购方员工都没有产生不公平感，他们说："工作上的变化是理所当然的"，"没有什么不公平"，"一线员工也没有不公平感"，"并购对员工稳定性没有冲击"，等等。这体现出并购方在并购整合过程中，能够基于理性的规则创造和解释而获得合法性。总之，高地位并购方群体的地位合法性主要来自群体共享的习惯和价值以及理性的规则创造和解释这两个源。

就 YAF 案例而言，其是大型民营企业集团 YAF 集团下的黄酒酿造大型企业 AF 对小型民营黄酒酿造企业 F 的全资收购案例。被收购 F 企业成员认同 AF 企业及其集团的高群体相对地位，认为其地位合法性高。尽管 AF 企业及其集团 YAF 占股 100%，具有完全决策权，但是，并购方群体的地位合法性获取并非倚重股权优势。被并购方成员之所以认为群体之间的地位差异的合法性高，主要是由于并购方实施了谨慎而具有阶段性的整合策略。该整合策略分为两个阶段：第一阶段为初始并购之后的过渡性整合。在 2016 年 9 月法律上正式并购之后到 2017 年 3月，并购方先派遣了一批人到被收购方所在厂帮助进行内部梳理和管理。这样就让被并购方群体及其成员有一个心理缓冲期。第二阶段为全面整合阶段，即从 2017年 3 月之后，在空间和管理上将被并购方成员全面吸纳到并购方组织中。在该阶段，并购方创建了一些规则进而有效地整合了被并购方成员。首先，推行了基于能力的岗位聘任制，即无论是并购方人员还是被并购方人员都要基于能力而被聘任到合适的岗位上，这让被并购方成员有一种公平感和满意感。正如一位被并购方人员所说："刚开始，我自己也不愿意来这边，后来发现只要你有能力、有想法，就会被重用的，就感觉挺好。"其次，在考核上，针对被并购方人员实施了过渡政策。例如，针对被并购方销售人员，考虑到他们对新组织的管理体系不熟悉，需要一个过渡期，因此，在管理指标的占比上进行了下调，由公司规定的 20%下调为 10%。最后，关注并购双方群体的内偏见现象，并推行了相关减少或者消除措施。例如，组织管理者强调在岗位聘任等内部管理上不允许贴上群体标签，并在同等条件下优先被并购成员的选择；通过针对会议就座、食堂餐饮就座、工间聊天等细节性日常活动的倡导和干预，杜绝群体之间的划界与隔离，进而积极促进了双方群体成员的融合。总之，并购方在整合过程中，主要通过理性地创造并落实整合规则而获得了被并购方的接纳和认同，使其地位合法性程度高。

就 ZAG 案例而言，其是大型民营集团 ZAG 企业对从事铜加工和开发的中型外资企业 G 公司进行 100%股权收购的案例。收购方占有绝对的股权优势。但是，在并购整合之前，被并购方 G 企业成员基于不完全信息而认为并购方的管理落后，进而难以认同，因此，并购方无法倚重股权优势来确立其地位合法性。在并购整合开始之后，并购方采取了系列策略，首先，针对被并购方群体所从事的业务及其设备投资了 3 千万元，提升了产量，促进其铜加工业务的发展。这不但使得被并购方员工有了安定感，而且使得并购方群体通过资金优势和对应投资行动获得了吸引力。其次，为被并购方中层及以上的核心人员设立并落实了股权激励政策，从而稳定了组织的中坚力量。正如被并购方的一位中层管理人员所言："是在并购 5 个月之后，签订的核心人员股权激励协议。"另一位被并购方基层管理人则说："目前，感觉中层以上的管理者像打了鸡血一样，很积极。"最后，并购方充分尊重被并购方。多位被并购方成员都表述道："总部派来的管理者很和蔼，也经常与我们沟通"，"他们（并购方派来的管理者）很客气，说带着仰慕来的；他们姿态放得比较低"，"总部派来的老总比较开放，能够理解和尊重我们"。总之，并购方通过理性的规则创建和解释赢得被并购方的认可和合作，也通过对被并购方的尊重体现出自身有吸引力的特征，进而确立了其高地位的合法性。

在 UXA 案例中，大型民营企业 UXA 公司全资收购大型国有企业 X 公司。并购方拥有用高群体相对地位，而且具有低群体相对地位的被并购方成员认为该地位差异具有高合法性。之所以如此，首先，由于并购方拥有绝对的股权优势，并购双方群体都一致认为具有绝对股权优势的一方应该具有关键决策权和管理权。其次，在并购之后，并购方通过有效经营为被并购方偿还了 30 多亿元的债务，使被并购方的负债大大降低，并且有了发展前景。对被并购方成员而言，该类经营活动使并购方群体颇具魅力。最后，在整合过程中，并购方通过新管理措施的推出和落实，体现出对被并购方成员公平和人性化的岗位安排、薪酬福利待遇和互动沟通。这正如一位被并购方管理者所言："我觉着我受到的待遇是公平的，我对现在的状态很满意。我觉着我们（并购）双方相互都是尊重和谐的。"总之，并购方通过股权优势获得基于习惯和价值的合法性，通过高绩效经营活动获得基于有魅力的特征和行动的合法性，通过新管理规则和措施的创建获得基于理性的规则创建和解释的合法性。

在 VYA 案例中，大型外资企业 V 收购了小型民营企业 VYA 60%的股份。被并购方成员一致接纳和认同并购方的高群体相对地位及其合法性。之所以如此，第一，并购方群体具有股权优势，而被并购方群体成员普遍认为具有股权优势的群体就应该有决策权。正如被并购群体中的一位高管所说："V 公司是大股东，有决策权，这样，公司方向也有改变。"这使得并购方基于大家一致认可的习惯或者价值而获得合法性高地位。第二，并购方具有有利于被并购企业发展的业务知识优势。被并购方成员们认为："他们（并购方）自己有专利、有技术"，"他们（并购方）在业务上有比较优势"，"V 公司产品还不错，客户也知道他们"。由此可见，并购方群体可以凭借自己的业务知识优势而在后并购组织中独具特征和吸引力。总之，并购方群体通过基于大家认同的习惯和价值以及有吸引力的知识特征而赢得高地位及其合法性。

2. 针对并购双方群体地位差异具有低地位合法性的三案例的分析

在上述所列的十个案例企业中，LMA（XAE）、ISA 和 OPA 三个案例皆为并购方对被并购方 100%股权的收购，但是被并购方认为并购双方地位差异的合法性低。LMA 并购是大型民营企业集团 L 对中型民营企业 M 的收购，ISA 则是大型民营企业集团 I 对中型国有企业 S 的收购，OPA 是大型国有企业 O 对大型国有企业 P 中的一个小型业务的整体收购。

就 LMA 并购整合案例而言，尽管并购方 L 拥有绝对股权优势，也继而行使了决策权和管理权，但是，被并购方认为并购方集团内部管理机制和规则不规范，进而不认可其决策权和管理权。一位被并购方的高层管理者就明确说："L 公司是一家家族企业，没有什么规则！"这样，并购方就丧失了基于并购双方群体认可的习惯和价值这一合法性来源。另外，并购方采取了引起多数被并购方成员不满的整合策略和行动，即分离被并购方群体的整合措施。该措施被并购方成员认为"粗暴简单"、"搞分裂，很伤人"、"拉一派打一派"，并引起众怒。可见，并购方没有在整合过程中创建并推行维系双方利益的理性规则。这样，并购方通过非理性的规则的创立和解释而丧失了合法性。

就 ISA 并购整合案例而言，并购方 I 公司为大型民营企业，而被并购方 S 公司则是国有企业，被并购方成员在 1999 年前后的理念是"国有企业员工怎么能够服从民营企业的管理呢！"这意味着，尽管并购方民营企业 I 具有绝对股权优势，但被并购方员工不认为其对他们应该具有决策权和管理权。在这一前提下，并购方采取的相关整合策略就无法得到有效落地。可见，并购方没有基于双方共享的习惯和价值而获得合法性。

在 OPA 并购整合案例中，并购双方皆为国有企业，但拥有绝对股权优势的并购方 O 企业及其决策和管理权却没有得到被并购方成员的接纳和认可。其原因有两个：一是并购方高管在私生活和管理经营中的非伦理行为使其具有让被并购方成员鄙视的特征，使其领导力丧失殆尽。这正如被并购成员所言："2004~2006 年，O企业由于内部管理混乱和高层管理者腐败堕落而出了一些经营上的问题。2006年底到 2007 年初，Q 企业集团中的中高层有不少人被捕，都是因为贪污腐败。"二是并购方在整合过程中设立了非公平对待被并购企业员工的薪酬制度，没有理性地顾及被并购方的利益以及并购双方的有效整合。被并购方成员述及："他们那边的工资都是我们的两到三倍。"由此可见，并购方的非伦理行为使其丧失了基于有魅力的权威者特征和行动而产生的合法性；并购方的非公平整合策略使其丧失了基于理性的规则创建和解释而产生的合法性。

3. 分析总结

概括针对高合法性和低合法性并购双方群体地位差异的并购整合案例的分析结论，具体如表 7.2 所示。

表 7.2　高/低地位合法性的原因与来源

案例	高地位合法性		低地位合法性	
	直接原因	来源体现	直接原因	来源缺失
CDM	*知识（业务和管理）优势	*有魅力的权威者特征		
EFA	*股权优势 *资金优势（投资发展行动） *有效整合策略（渐进、合理、人性化）	*传统的习惯和价值 *有魅力的权威者特征与行动 *理性的规则创建与解释		
JKA	*股权优势 *有效整合策略（公平）	*传统的习惯和价值 *理性的规则创建与解释		
YAF	*有效整合策略（渐进、公平、消除内群体偏见）	*理性的规则创建与解释		
ZAG	*资金优势（投资发展行动） *有效整合策略（激励、尊重）	*有魅力的权威者特征与行动 *理性的规则创建与解释		
UXA	*股权优势 *高绩效经营行动 *有效整合策略（公平、人性化）	*传统的习惯和价值 *有魅力的权威者特征与行动 *理性的规则创建与解释		
VYA	*股权优势 *知识（业务）优势	*传统的习惯与价值 *有魅力的权威者特征与行动		
LMA（XAE）			*不认同股权优势者的决策权及其机制 *不合理整合策略	*传统的习惯和价值 *理性的规则创建与解释

续表

案例	高地位合法性		低地位合法性	
	直接原因	来源体现	直接原因	来源缺失
ISA			*不认同股权优势者的决策权及其机制	*传统的习惯和价值
OPA			*并购方非伦理行为 *非公平整合策略	*有魅力的权威者特征与行动 *理性的规则创建与解释
总结	★有效整合策略（公平、渐进、人性化） ★知识优势 ★发展行动 ★股权优势	★理性的规则创建与解释 ★有魅力的权威者特征与行动 ★传统的习惯与价值	★不合理的整合策略 ★不认同股权优势者的决策和管理权 ★非伦理行为	★理性的规则创建与解释 ★传统的习惯和价值 ★有魅力的权威者特征与行动

表 7.2 的研究结论显示，在高地位群体具有高地位合法性的七个并购整合案例中，地位合法性确立的直接原因和来源体现可以概括如下：①有效整合策略。五个并购整合案例中的高地位群体据此而获得基于理性的规则创建和解释的地位合法性，而其中 YAF 案例单独借此而赢得地位合法性。②知识优势。两个并购整合案例中的高地位群体借此赢得了基于魅力的权威者特征和行动的地位合法性，其中 CDM 案例单独倚重此而确立了其地位合法性。③发展行动。其包括基于资金优势的投资开拓或者发展行动和高绩效经营行动。三家案例企业的高地位群体借此也赢得了基于魅力的权威者特征和行动的地位合法性。④股权优势。上述四家案例企业中的高地位群体借此确立了基于传统习惯和价值的地位合法性。

表 7.2 的分析结论还表明，在高地位群体具有低地位合法性的三个并购整合案例中，地位合法性丧失的直接原因和对应来源可以概括如下：①不合理的整合策略。其中两家并购整合案例中的高地位群体都由此而丧失了基于理性规则创建与解释的地位合法性。②不认同股权优势者的决策和管理权。两家案例中的高地位群体皆借此而丧失了基于传统习惯和价值的地位合法性，其中 ISA 企业的高地位群体则单独由于此原因而没法确立其地位合法性。③非伦理行为。其中 OPA 企业的高地位群体因为该原因而使其基于魅力的权威者特征和行动的地位合法性丧失。

对比案例企业中高地位群体拥有高地位合法性与低地位合法性的原因，可以发现：首先，高地位群体可以通过股权优势获得地位合法性，但是其前提是双方群体都认可股权优势者相继具有决策权和管理权这一价值理念。如果并购双方没有该共享的价值理念；那么，正如同案例 ISA 所体现出的，100%股权的绝对优势也无法使其获得地位合法性。其次，高地位群体可以通过业务或者管理知识优势获得地位合法性。如同案例 CDM 所示，即使没有股权优势，业务或者管理知识优势也能使一群体获得高地位并拥有基于魅力的权威者特征而赢得地位合法性。最后，可以通过发展低地位群体及其所从事业务的行动获得地位合法性。例如，通过投资和开拓进而发展低地位群体及其所从事的业务。这类行动可以使高地位群体具有魅力。相反，如果高地位群体出现了非伦理行为，其魅力则完全丧失，并会遭到鄙视。另外，高地位群体可以通过有效整合策略的创建与落实获得地位合法性。有效整合策略能够促进地位低的被并购方群体对地位高的并购方群体的认同；相反，非公平合理的整合策略的创建和推行则会加重并购双方群体之间不一致，进而导致敌对和冲突。有效整合策略一般体现出如下三个层次的特征，即基础层次的公平、运行层次的渐进、关心层次的人性化。公平的整合策略能够避免群体之间冲突的产生；渐进的整合策略能够使低地位群体或者被并购群体更好地适应和接纳，而人性化的整合策略则可以让低地位群体成员减少或者消除积极内群体偏见和消极外群体偏见，进而真正融入并购方或者后并购组织。透过这些策略可以看到其地位合法性的来源主要有并购双方认同的习惯和价值、高地位群体有魅力的权威者特征与行动，以及有益于并购双方发展的理性的规则创建与解释。

由表 7.2 的分析结果还可以发现，在并购整合中，高地位群体或者并购方群体及其所代言的后并购组织不能单独倚重股权优势来获得地位合法性，但是，他们却可以单独倚重知识优势或者有效整合策略来获得地位合法性。可见，在并购整合过程，高地位群体具有有魅力的权威者特征与行动以及能够创建并落实有效整合策略和规则对确立其地位合法性而言至关重要。

总之，上述针对七家高地位群体的地位合法性确立原因及来源以及三家高地位群体的地位合法性丧失原因和来源的分析，可以初步明确在并购整合中，高地位群体及其所代言的后并购组织的地位合法性确立的基本策略，即可以通过有效整合策略（公平、渐进、人性化）的创建和推行、知识优势的体现和凸显、低地位群体及其业务的开拓和发展，以及股权及决策权优势的塑造和强化来体现。概括这些分析结论具体如图 7.1 所示。

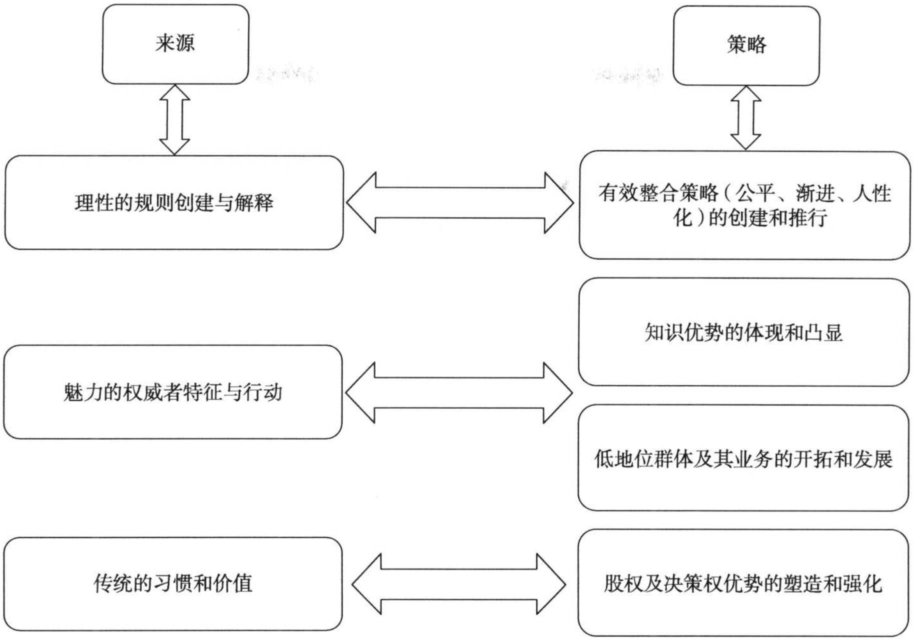

图 7.1　并购整合中高地位群体地位合法性确立的来源及策略

7.3　本 章 小 结

本章研究通过针对本书前面几章涉及的十个并购整合案例的系统分析，初步明确了并购中高地位群体及其所代言的后并购组织确立地位合法性的策略。该分析不但推进了并购中人力资源整合的相关研究，而且具有重要的实践启示。

以往并购中人力资源整合的研究，初步明确了员工尤其被企业员工感知到的群体相对地位是其离职的一个关键影响因素（Buchholtz et al.，2003；Iriyama et al.，2012），具体而言，群体相对地位会显著负向影响离职意愿（Ahammad et al.，2012；Hambrick and Cannella，1993；Lubatkin et al.，1999；Ranft and Lord，2000；郭文臣和肖洪钧，2011；颜士梅，2012）；然而以往文献尚缺乏对其边界条件的探索。本书通过基于扎根理论的案例分析，明确了地位合法性是群体相对地位影响离职意愿关系中的关键调节变量。具体而言，在并购整合中，在低地位合法性下群体相对地位会负向影响离职意愿；而在高地位合法性下群体相对地位不会显著影响离职意愿。这表明地位合法性在其中扮演关键角色。同样，以往该领域研究也明确了相对剥夺会正向影响或者间接促进离职意愿（Cho et al.，2014；Lee et al.，

2013；颜士梅和张钢，2020），本书研究在此基础上，进一步发现，具有低地位合法性的低群体相对地位会导致高群体相对剥夺，而具有高地位合法性的低群体相对地位则不会导致高群体相对剥夺。可见，地位合法性在群体相对地位进一步导致具有负面情绪特征的群体相对剥夺过程中，同样扮演着重要角色。这样，分析并购整合中高地位群体及其所表征的后并购组织怎样确立其地位合法性，就变得非常必要并具有重要意义。本章研究恰恰基于十个并购整合案例，在以往地位合法性相关研究结论的基础上，系统分析了地位合法性确立的具体策略。这样，显著推进了并购中人力资源整合问题尤其是离职问题的研究，进而贡献于该领域文献。

就实践意义而言，以往关于并购中离职问题的研究结论意味着并购整合中相对地位问题和相对剥夺问题的重要性，因为其能负向或者正向显著影响离职意愿。据此，管理者就要将精力投放在相对地位和相对剥夺问题的管理上。然而，本书进一步的研究却发现在相对地位问题和相对剥夺问题背后的地位合法性的关键角色和影响。这为现实并购整合企业中的管理者更精准的精力投放和管理策略制定提供了理论指导。具体地，由于并购之后的基于群体的相对地位问题普遍存在，而仅有非合法性或者低合法性的低群体相对地位才会导致群体相对剥夺、群体冲突及离职意愿（或者行为），进而影响整合的进程和成功，因此，管理者应该聚焦在地位合法性问题上，而不应该直接针对相对地位问题或者相对剥夺问题；管理者要努力使普遍存在的并购双方群体之间的地位差异合法化，即要基于股权优势来构建决策和管理权优势，要充分展示高地位群体的知识优势，要积极投入低地位群体或者被并购方群体及其业务的发展上，要构建并推行公平、渐进、人性化的并购整合策略，进而确立其地位合法性并进行有效整合。总之，本章研究结论能够为推进并购整合的后并购企业及其管理者在管理重心投放、管理路径的选择和管理措施的制定上提供指导。

参 考 文 献

郭文臣，肖洪钧. 2011. 被并购企业高管团队成员集体离职的影响因素探究——基于嘉宝公司的案例分析. 管理案例研究与评论，4（5）：352-360.

颜士梅. 2011. 并购中员工离职原因的理论解读：一个文献综述. 浙江大学学报（人文社会科学版，41（3）：180-189.

颜士梅. 2012. 创业型并购不同阶段的知识员工整合风险及其成因——基于 ASA 模型的多案例分析. 管理世界，(7)：108-123.

颜士梅，等. 2013. 创业型并购中的知识员工整合风险研究. 北京：科学出版社.

颜士梅，张钢. 2020. 并购整合中身份凸显性转化以及对离职意愿的影响：多案例研究. 管理世界，(8)：71-87.

Ahammad M F，Glaister K W，Weber Y，et al. 2012. Top management retention in cross-border acquisitions：the roles of financial incentives，acquirer's commitment and autonomy. European Journal of International Management，6（4）：458-480.

Bettencourt B A，Bartholow B D. 1998. The importance of status legitimacy for intergroup attitudes among numerical minorities. Journal of Social Issues，54（4）：759-775.

Bettencourt B A，Dorr N，Charlton K，et al. 2001. Status differences and in-group bias：a meta-analytic examination of the effects of status stability，status legitimacy，and group permeability. Psychological Bulletin，127（4）：520-542.

Bitektine A，Hill K，Song F，et al. 2020. Organizational legitimacy，reputation，and status：insights from micro-level measurement. Academy of Management Discoveries，6（1）：107-136.

Buchholtz A K，Ribbens B A，Houle I T. 2003. The role of human capital in postacquisition CEO departure. The Academy of Management Journal，46（4）：506-514.

Cathryn J，Timothy J D，Cecilia L R. 2006. Legitimacy as a social process. Annual Review of Sociology，32（1）：53-78.

Cho B，Lee D，Kim K. 2014. How does relative deprivation influence employee intention to leave a merged company? The role of organizational identification. Human Resource Management，53（3）：421-443.

Costarelli S. 2007. Intergroup threat and experienced affect：the distinct roles of causal attributions，ingroup identification，and perceived legitimacy of intergroup status. Personality and Social Psychology Bulletin，33（11）：1481-1491.

Costarelli S. 2012. Coping with intergroup threat via biased attributions to low group effort：the moderating roles of ingroup identification，legitimacy，and instability of intergroup status. Social Psychology，43（1）：47-59.

Hambrick D C，Cannella A A，Jr. 1993. Relative standing：a framework for understanding departures of acquired executives. The Academy of Management Journal，36（4）：733-762.

Iriyama A，Park W，Supriyadi F，et al. 2012. Integrating relative standing and market discipline：a complexity theory perspective of post-merger and acquisition executive departure. Advances in

Mergers and Acquisitions，11：181-197.

Lee D, Kim K, Kim T G, et al. 2013. How and when organizational integration efforts matter in South Korea：a psychological process perspective on the post-merger integration. The International Journal of Human Resource Management，24（5）：944-965.

Lubatkin M，Schweizer D，Weber Y. 1999. Top management turnover in related M&As：an additional test of the theory of relative standing. Journal of Management，25（1）：55-74.

Meyer J W，Rowan B. 1977. Institutionalized organizations：formal structure as myth and ceremony. The America Journal of Sociology，83（2）：340-363.

Ranft A L，Lord M D. 2000. Acquiring new knowledge：the role of retaining human capital in acquisitions of high-tech firms. The Journal of High Technology Management Research，11（2）：295-319.

Scheepers D，Branscombe N R，Spears R，et al. 2002. The emergence and effects of deviants in low and high status groups. Journal of Experimental Social Psychology，38：611-617.

Schmader T，Major B，Eccleston C P，et al. 2001. Devaluing domains in response to threatening intergroup comparisons：perceived legitimacy and the status value asymmetry. Journal of Personality and Social Psychology，80（5）：782-796.

Tajfel H，Turner J C. 1979. An integrative theory of intergroup conflict. The Social Psychology of Intergroup Relations，47（33）：74-90.

Terry D J，O'Brien A T. 2001. Status，legitimacy，and ingroup bias in the context of an organizational merger. Group Processes & Intergroup Relations，4（3）：271-289.

Tyler T R. 2006. Psychological perspectives on legitimacy and legitimation. Annual Review of Psychology，57（1）：375-400.

Verkuyten M，Reijerse A. 2008. Intergroup structure and identity management among ethnic minority and majority groups：the interactive effects of perceived stability，legitimacy，and permeability. European Journal of Social Psychology，38（1）：106-127.

Weber M. 1968. Economy and Society. Berkeley：University of California Press.

Weber U, Mummendey A, Waldzus S. 2002. Perceived legitimacy of intergroup status differences：its prediction by relative ingroup prototypicality. European Journal of Social Psychology，32（4）：449-470.

Zelditch M，Jr. 2001. Processes of legitimation：recent developments and new directions. Social Psychology Quarterly，64（1）：4-7.

第8章　结论与展望

本章主要概括本书研究的关键结论，阐述本书研究的理论和实践意义，分析本书研究的不足之处和未来研究展望。

8.1　本书研究的关键结论

总结本书前面针对并购整合中相对地位与相对剥夺影响离职意愿的研究内容，可以发现如下六个关键结论。

（1）并购整合中相对地位对离职意愿的影响存在边界条件。尽管以往研究发现并购中相对地位会负向影响离职意愿，但是本书的研究发现，在并购整合背景下，相对地位包含基于并购一方与另一方对比而产生的群体相对地位和基于并购某方当前与并购以前对比而产生的纵向相对地位；并且还发现，群体相对地位不一定会负向影响离职意愿，在群体相对地位影响离职意愿的关系中存在着一个关键的边界条件，即地位合法性。具体而言，在低地位合法性下群体相对地位才会负向影响离职意愿；而在高地位合法性下群体相对地位则不会影响离职意愿；低群体相对地位还可能导致接纳变革和留任学习的行为。

（2）并购整合中群体相对剥夺会促进群体身份的凸显，进而导致不利于整合的群体导向的离职意愿或者行为的产生。根据以往文献，相对剥夺是一种基于不公平认知而产生的负面情绪，包含个体相对剥夺和群体相对剥夺。在并购整合情景下，根据不同整合策略的落实，员工的身份凸显性会进行转化，即从角色身份凸显性到群体身份凸显性的转化或者从群体身份凸显性到角色身份凸显性的转化。群体相对剥夺在角色身份凸显性到群体身份凸显性的转化过程中，扮演着催化剂的角色，即能够促进群体身份的凸显，进而导致群体导向的离职意愿或者行为，给并购整合带来消极影响。

（3）并购整合中群体相对地位对群体相对剥夺的影响存在边界条件。在并购整合背景下，低群体相对地位不一定会导致高群体相对剥夺；在群体相对地位影响群体相对剥夺的关系中，存在一个敏感而关键的调节变量，即地位合法性。具体而言，在低地位合法性下，群体相对地位会负向影响群体相对剥夺，进而导致群体抗议或者离职意愿和行为等不利于整合的消极态度或者行为，但是在高地位合法性下，群体相对地位则不会显著影响群体相对剥夺，低群体相对地位还可能会导致有利于整合的接纳变革和学习适应等态度和行为。

（4）并购整合中群体相对地位通过影响群体相对剥夺进而影响离职意愿的关系中存在三个关键条件变量，即整合水平、地位合法性和积极身份寻求成本。在高整合水平、低地位合法性、高留组织积极身份寻求成本下，群体相对地位会通过负向影响群体相对剥夺进而负向影响离职意愿。具体而言，处在整合阶段的后并购企业通常意味着强调并购双方的有效整合或者具有高整合水平，在此种情况下，具有低地位合法性的群体相对地位会显著负向影响群体相对剥夺；而基于非公平并购双方地位差异的认知导致群体相对剥夺感产生的情况，通常意味着在市场导向的后并购企业内通过向上流动或者群体竞争而寻求积极身份的成本高；由此，高的离职意愿或者行为就会产生。

（5）并购整合中的地位合法性在相对地位与相对剥夺对离职意愿的影响上扮演关键角色。鉴于并购尤其是收购必然会存在股权的差异，这样就会导致收购方与被收购方的地位差异；那么，并购双方的地位差异在处于整合过程中的后并购组织中会普遍存在，即并购双方的相对地位问题会是一个通常存在的问题。然而，相对地位问题不一定会导致被并购方或者低地位方及其成员的消极态度或者行为。在地位合法性高的情况下，低相对地位不但不会导致不利于整合的消极态度和行为，而且还会促进接纳变革和学习适应等积极态度和行为的产生。仅仅在地位合法性低的情况下，低相对地位问题才会导致不利于整合的群体抗议、个体离职等态度和行为，或者会通过导致群体相对剥夺这样的消极情绪进而导致群体抗议、个体离职等态度和行为。当地位合法性低时，并购双方的地位差异稳定性通常较高；那么，具有低地位的被并购方在后并购组织中采取留组织社会竞争策略的成本就会很高，进而使得获得合法地位和积极身份的成本高。这样，在市场导向的企业机制中，被并购方员工或者低地位方员工就可能具有高的离职意愿和行为。可见，在相对地位与相对剥夺影响离职意愿的关系中，地位合法性扮演着至关重要的调节角色。

（6）并购整合中并购方及其所代言的后并购组织可以通过四个策略确立地位合法性。在并购整合背景下，为了避免被并购方或者低地位方及其员工产生不利于整合的消极态度和行为，后并购组织要努力确立并购双方地位差异的合法性或者高地位者的地位合法性。并购方及其所表征的后并购组织具体可以通过有效整合策略（公平、渐进、人性化）的创建和推行、知识优势的体现和凸显、低地位群体及其业务的开拓和发展，以及股权及决策权优势的塑造和强化这四类策略来确立其地位合法性，进而促进整合目标的达成。

概括这些关键结论具体如图 8.1 所示。

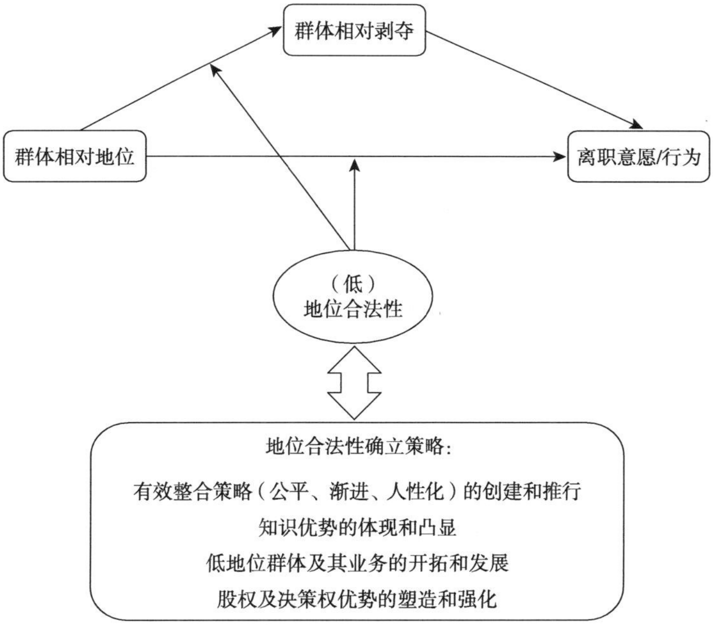

图 8.1　本书研究的关键结论

8.2　本书研究的理论和实践意义

8.2.1　理论意义

本书通过上述关键研究结论的发现，推进或者深化了以往并购中人力资源整合的相关研究；同时，也为将社会身份理论、相对地位理论和相对剥夺理论相结合进而探讨相关问题做出了尝试。

首先，本书研究明显推进了以往并购中人力资源整合的相关研究。以往并购中人力资源整合研究包含两条研究路径，即人力资源实践整合和人员整合。离职问题是人员整合关注的关键问题之一，而离职问题的研究又主要存在文化差异、高层梯队和群体关系三个思路（Cartwright and Cooper，1993，1995；Cho et al.，2014；Hambrick and Cannella，1993；Krug and Nigh，1998；Kiessling et al.，2008；Krug，2003；Lee et al.，2013），其中的群体关系思路包含基于相对地位理论的分析（Bilgili et al.，2017；Hambrick and Cannella，1993；Lubatkin et al.，1999；Ranft and Lord，2000；郭文臣和肖洪钧，2011；颜士梅等，2013）和基于相对剥夺理论的分析（Cho et al.，2014；Lee et al.，2013；颜士梅和张钢，2020）。本书沿着群体关系思路，基于社会身份理论，将相对地位理论和相对剥夺理论结合起来，一方面，细化分析了相对地位影响离职意愿的机制以及相对剥夺对离职意愿的可能影响；通过明确群体相对地位和纵向相对地位在影响离职意愿中的不同作用，发现地位合法性在群体相对地位影响离职意愿中的关键调节作用，以及揭示相对剥夺通过对角色身份凸显性转化为群体身份凸显性的促进作用进而影响离职意愿的机制，而补充和深化了以往分别基于相对地位理论和相对剥夺理论的离职问题的研究。另一方面，本书还尝试基于相对地位理论与相对剥夺理论的结合，将群体相对地位与群体相对剥夺一同纳入对离职意愿的影响模型中，发现了地位合法性在其中所扮演的敏感而关键的角色，发现在并购整合中，在低地位合法性下，群体相对地位才能够通过影响群体相对剥夺影响离职意愿，进而明确了地位合法性不仅是群体相对地位影响离职意愿的关键边界条件，也是群体相对地位影响群体相对剥夺的关键边界条件。本书还基于这些结论，进一步分析了并购整合中地位合法性的四个确立策略，即有效整合策略（公平、渐进、人性化）的创建和推行、知识优势的体现和凸显、低地位群体及其业务的开拓和发展、股权及决策权优势的塑造和强化。本书研究明显推进了以往并购整合中基于相对地位理论和相对剥夺理论的离职问题的研究。因此，本书研究推进、补充和深化了以往并购中人力资源整合的相关研究，从而进一步丰富了该领域文献。

其次，本书研究初步明确了群体关系思路下消极影响人员整合的关键因素及其重要性次序。在并购中，以往群体关系思路下的研究已经发现相对地位（实质上是指群体相对地位）和个体相对剥夺对离职的影响，进而对人员整合产生不利影响（Cho et al.，2014；Hambrick and Cannella，1993；Lee et al.，2013；Lubatkin et al.，1999；Ranft and Lord，2000；郭文臣和肖洪钧，2011；颜士梅等，2013）。本书研究在该研究结论的基础上，不但进一步细化地发现群体相对地位、纵向相对地位、群体相对剥夺都可能对员工离职产生影响，进而消极影响人员整合；而且发现地位合法性在其中所扮演的至关重要的角色。更为重要的是，通过本书研究，能够使得对离职产生影响进而影响整合的群体相对地位、纵向相对地位、个体相对剥夺、群体相对剥夺和地位合法性这几个因素的重要次序有所体现。本书的研究结论显示，在并购整合背景下，群体导向的变量可能比个体导向的变量对离职或者其他不利于整合的因素的影响更为重要，因为并购整合情景使得人们的社会身份比个体身份更加凸显；研究还表明，在群体导向的变量中，群体相对剥夺比群体相对地位更会导致离职问题；研究结论还进一步表明，相比于群体相对地位、群体相对剥夺，并购双方群体之间地位差异的合法性（即地位合法性）在对离职意愿和行为影响中尤其重要，因为其不仅是群体相对地位转化为群体相对剥夺的关键因素，也可能是并购整合中群体相对剥夺感产生的重要原因。可见，在上述几个因素中，地位合法性在并购整合中的低地位方成员的离职以及有效的后并购整合中都将扮演十分重要的角色。这样的揭示是以往并购整合研究所相对欠缺的，也正是由此，本书研究能够明显补充和深化以往并购中人力资源整合的相关分析和讨论。

最后，本书将社会身份理论、相对地位理论与相对剥夺理论相结合来探讨并购中离职问题，将这三个理论结合起来的这样一种研究尝试拓展了以往基于这三个理论的相关问题的讨论。以往文献认为社会身份理论与相对剥夺理论能够彼此补充各自不足之处（Ellemers and Bos，1998；Kawakami and Dion，1993；Walker and Pettigrew，1984），社会身份理论能够解释相对地位及其效应（Frank，1985），而相对地位理论与相对剥夺理论也存在内在衔接之处（Weber et al.，2002）。同时，以往研究也尝试地将社会身份理论与相对剥夺理论相结合探讨认同、积极身份寻求策略（Ellemers and Bos，1998；Ellemers et al.，1993；Kawakami and Dion，1993，1995），以及并购中离职意愿问题（Cho et al.，2014；Lee et al.，2013；颜士梅和张钢，2020），有些研究还努力将相对地位理论与相对剥夺理论同时引入对高管离职问题的分析中（Shen，1999）。因此，本书探索性地将社会身份理论、相对地位理论与相对剥夺理论这三个理论结合起来，基于并购整合的第一手案例资料，分析员工离职问题。通过发现地位合法性作为群体相对地位影响离职意愿以及群体相对地位通过影响群体相对剥夺进而影响离职意愿中的关键边界条件，拓展了以往基于社会身份理论与相对地位理论的结合、基于相对地位理论与相对剥夺理论的结合或者基于社会身份理论与相对剥夺理论的结合而进行的分析和研究，也为后续基于这三个理论的结合而针对相关问题的探讨提供了理论思路。

8.2.2 实践意义

本书研究具有如下两点管理启示。

（1）本书研究结论能够为后并购组织以及其他相关组织的管理重点的投放提供指导和启示。本书研究发现容易导致离职和冲突进而不利于后并购组织整合和管理的重要因素有三个——相对地位、相对剥夺、地位合法性；然而，在后并购组织中，相对地位问题普遍存在，并且其既可能导致影响后并购组织整合和管理的消极结果，也可能导致促进后并购组织整合的积极结果；而相对剥夺问题如果不及时得到解决，则会导致离职或者冲突等不利于后并购组织整合的消极结果；地位合法性则是决定相对地位问题转化为相对剥夺问题进而导致消极态度或者行为的至关重要的因素。因此，地位合法性对后并购组织的成功管理和整合而言尤其关键。这样，后并购组织在整合过程中，管理的重心不应该投放在相对地位问题上，虽然要关注相对剥夺问题，但是更要聚焦在促进其产生的关键因素，即地位合法性上。地位合法性问题是管理者要真正聚焦的问题。地位合法性问题解决了，具有低相对地位的群体及其成员才能积极地对待并接纳并购及其整合，才可能积极地向高地位群体学习，并与高地位群体一起形成统一的身份，进而使并购双方真正成为一个组织，最终获取并购整合的成功。

同样，其他企业组织、公共组织及社会组织，当其包含基于性别差异、年龄差异、知识差异、地位差异、信仰或者价值差异的不同群体时，就有可能出现群体之间的地位差异问题。社会和组织如果无法规避地位差异问题，那么就要特别关注和有效管理群体之间地位差异的合法性问题。因为合法性可以使人们基于其义务感的自愿默认和遵从（Tyler，2006），进而可以高效地使组织或者社会避免冲突并和谐运行。鉴于此，包含不同群体的组织或者社会在正视群体地位差异的基础上，要致力于地位差异合法化的确立工作。

（2）本书研究结论能够为后并购组织以及类似组织或者社会地位合法性的确立提供直接的指导和建议。既然发现地位合法性是并购整合中特别关键的因素，也是包含不同地位群体的组织或者社会的管理重心的投放点，那么就要努力运用不同策略来确立其地位合法性。如何确立并购方及其所代言的后并购组织以及类似组织或者社会的地位合法性呢？本书基于地位合法性的以往相关研究结论

（Tyler，2006；Weber，1968），通过针对十个案例的相关资料的分析，发现高地位方及其所表征的后并购组织可以通过有效整合策略（公平、渐进、人性化）的创建和推行、知识优势的体现和凸显、低地位群体及其业务的开拓和发展、股权及决策权优势的塑造和强化四个策略，来确立其地位合法性。该分析结论可以直接指导后并购组织以及类似组织进行地位合法性确立策略的制定和推行。具体而言，高地位方及其所代言的后并购组织可以创新性制定有效整合策略并有力执行，来体现其对低地位群体的影响，进而充分彰显其理性规则创建和解释的能力，也可以通过充分表达和凸显其知识优势以及关心和发展低地位群体及其业务，来体现其作为高地位者所具有特征上或者行动上的魅力，还可以通过塑造和强化其股权及其对应决策权的优势而使得“股权优势者就应该具有高地位”这一理念成为低地位方成员所共享的价值。包含存在具有地位差异的不同群体的其他相似组织和社会同样可以通过理性规则的构建、高地位群体魅力的体现及共享价值的确立促进地位差异或者高地位者的合法性。

总之，后并购组织以及类似组织或者社会可通过价值共享、魅力体现和理性力量来确立其地位合法性，进而促进组织或者社会的和谐运行和融合发展。

8.3 本书研究的不足之处和未来研究展望

尽管本书建立在社会身份理论、相对地位理论和相对剥夺理论相结合以及以往相关研究结论的基础上，并运用作者多年来一直坚持调研的第一手并购整合案例资料，谨慎地针对相对地位与相对剥夺对离职意愿的影响问题进行了逐步深入分析，获得了一些有意义的研究结论，然而，本书研究也存在一些不足之处。

首先，本书的实证分析全部建立在案例研究基础上，所获得结论的外部效度可能存在局限。案例研究由于可以依据详细观察或者长时段获得的翔实资料和过程数据，能够发现大样本研究所忽略的离群样本所可能渗透的新概念、新理论或者新关系，也能够发现基于横截面数据的大样本问卷分析所不能触及的新过程、新边界条件或者新理论（Berg，2001；Pettigrew，1990；Yin，2003；毛基业和李晓燕，2010），并且多案例研究也在一定程度上能够使得所得结论的外部效度有所提高（毛基业和张霞，2008）。同时，本书研究要探究以往并购研究所忽略的相对地位对离职意愿影响的边界条件，相对地位与相对剥夺是否以及怎样一同影响离职意愿等新的问题。因此，本书主要基于并购整合的多案例进行分析，逐步揭示了有趣的边界条件和新的变量间的关系。但是，案例研究也存在天然的缺陷，即外部效度相对低。这样，本书研究结论的外部效度就可能会具有局限性，进而需要进一步的验证。未来研究可以运用基于大样本的问卷分析法，对相对地位影响离职意愿的关键边界条件加以再检验，对相对地位与相对剥夺分别与一同影响离职意愿的关系模型加以再分析和验证。

其次，本书研究全部专门针对并购情景，所得结论可能受到情景特定的局限。本书的所有分析和研究皆聚焦并购整合情景，所调研的案例皆为强调有效整合并处在整合阶段的并购企业案例。这意味着一方面所针对的研究情景具有并购双方群体及其关系敏感并凸显的特征（Hambrick and Cannella，1993；Haspeslagh and Jemison，1991；Hirsch，1986；Hogg and Terry，2000），并且并购双方群体通常存在地位差异，即存在一方（收购方）的地位高于另一方（被收购方）的事实；另一方面所针对的研究情景又具有决策者和管理者努力将双方群体整合为统一组织的目标特征。具有这些特征的研究情景才使得所得研究结论成立。正如本书第 6 章所分析的，如果研究情景发生变化，如非市场导向的组织并购或者两个不同种族的族群合并，那么其内部相对地位与相对剥夺对离职意愿的影响也可能还存在其他条件因素。因此，未来可以运用实验研究或者文化人类学的相关研究方法，进一步补充分析其他合并群体情景下相对地位与相对剥夺分别以及一同对离职意愿的可能影响机制，从而突破本书研究所具有的情景特定的局限性。

最后，本书研究仅仅聚焦并购整合中离职问题的分析，研究问题虽然聚焦，但却可能忽略了并购情景下其他特别重要的问题。本书研究沿着并购中离职问题研究的一个思路，即群体关系思路，进行了更加深入的延伸分析。虽然该分析很有必要，也颇具意义，但是并购整合中还存在其他特别需要探讨的问题，如并购双方群体及其成员的合作问题。由于组织本质上是人与人之间的合作系统（巴纳德，2007），那么并购整合意味着将并购双方及其成员原来各自的合作系统转换为并购双方及其成员彼此的合作系统。由此可见，并购整合在本质上是在旧合作系统基础上构建新合作系统的过程，也是将旧合作系统转换为新合作系统的过程。这样，合作问题就成为另一个并购整合中的关键问题。具体而言，在并购双方群体关系敏感的条件下以及并购双方各自固有的合作体系上，如何促进合作进而建立完善的新合作体系就急需讨论和深入探究。另外，并购整合中的身份动态性问题也是既重要又有趣的问题，该问题具体包含身份连续性问题、多重身份问题、身份凸显性问题及身份动态变化问题等。并购双方尤其是被并购方成员带着其原有的社会身份进入新的组织（Giessner et al.，2016；Haunschild et al.，1994），在并购整合中，后并购组织成员尤其被并购群体成员会面临如下问题：其基于并购前组织的社会身份的连续性怎样？是否有利于整合？是否会变化或者转化？如何变化或者转化？还会面临以下问题：既具有基于并购前组织的身份特征，又具有基于后并购组织的新身份特征，这两种身份是否存在冲突？是否会变化？如何变化？还存在在不同情景下的身份凸显性问题，即整合不顺利与顺利情景下分别会凸显何种身份？其对新组织的认同会产生怎样的影响？另外还会存在以下问题：多重身份以及身份凸显性在整合过程中如何动态变化？是否存在规律？如果存在以下问题，那么存在怎样的规律？这些问题都特别需要关注和回答。

总之，并购场景由于自身所包含的群体凸显性、身份复杂性和体系混合性而成为探究诸多管理问题的极富魅力的那片沃土。

参 考 文 献

巴纳德 C I. 2007. 经理人员的职能. 王永贵译. 北京：机械工业出版社.

郭文臣，肖洪钧. 2011. 被并购企业高管团队成员集体离职的影响因素探究——基于嘉宝公司的案例分析. 管理案例研究与评论，4（5）：352-360.

毛基业，李晓燕. 2010. 理论在案例研究中的作用——中国企业管理案例论坛（2009）综述与范文分析. 管理世界，（2）：106-140.

毛基业，张霞. 2008. 案例研究方法的规范性及现状评估——中国企业管理案例论坛（2007）综述. 管理世界，（4）：115-121.

颜士梅，等. 2013. 创业型并购中的知识员工整合风险研究. 北京：科学出版社.

颜士梅，张钢. 2020. 并购整合中身份凸显性转化以及对离职意愿的影响：多案例研究. 管理世界，（8）：110-126.

Berg B L. 2001. Qualitative Research Methods for the Social Sciences. 4th ed. Boston：Allyn & Bacon，A Pearson Education Company.

Bilgili T V，Calderon C J，Allen D G，et al. 2017. Gone with the wind：a meta-analytic review of executive turnover，its antecedents，and postacquisition performance. Journal of Management，43（6）：1966-1997.

Cartwright S，Cooper C L. 1993. The role of culture compatibility in successful organizational marriage. Academy of Management Executive，7（2）：57-70.

Cartwright S，Cooper C L. 1995. Organizational marriage “hard” versus “soft” issues? Personnel Review，24（3）：32-42.

Cho B，Lee D，Kim K. 2014. How does relative deprivation influence employee intention to leave a merged company? The role of organizational identification. Human Resource Management，53（3）：421-443.

Ellemers N，Bos A E R. 1998. Social identity，relative deprivation，and coping with the threat of position loss：a field study among native shopkeepers in Amsterdam. Journal of Applied Social Psychology，28（21）：1987-2006.

Ellemers N，Wilke H，van Knippenberg A. 1993. Effects of the legitimacy of low group or individual status on individual and collective status-enhancement strategies. Journal of Personality and Social Psychology，64（5）：766-778.

Frank R H. 1985. Choosing the Right Pond：Human Behavior and the Quest for Status. Oxford：Oxford University Press.

Giessner S R，Horton K E，Humborstad S W. 2016. Identity management during organizational mergers：empirical insights and practical advice. Social Issues and Policy Review，10（1）：47-81.

Hambrick D C，Cannella A A，Jr. 1993. Relative standing：a framework for understanding departures of acquired executives. The Academy of Management Journal，36（4）：733-762.

Haspeslagh P C，Jemison D B. 1991. Managing Acquisitions：Creating Value Through Corporate Renewal. New York：Free Press.

Haunschild P R，Moreland R L，Murrell A J. 1994. Sources of resistance to mergers between groups. Journal of Applied Social Psychology，24（13）：1150-1178.

Hirsch P M. 1986. From ambushes to golden parachutes：corporate takeovers as an instance of cultural framing and institutional integration. The American Journal of Sociology，91（4）：800-837.

Hogg M A，Terry D J. 2000. Social identity and self-categorization process in organizational contexts. The Academy of Management Review，25（1）：121-140.

Kawakami K，Dion K L. 1993. The impact of salient self-identities on relative deprivation and action intentions. European Journal of Social Psychology，23：525-540.

Kawakami K，Dion K L. 1995. Social identity and affect as determinants of collective action. Theory and Psychology，5：551-577.

Kiessling T，Harvey M，Heames J T. 2008. Acquisition issues：operational changes to the acquired firm's top management team and subsequent organizational performance. Journal of Leadership & Organizational Studies，14（4）：287-302.

Krug J A. 2003. Executive turnover in acquired firms：an analysis of resource-based theory and the upper echelons perspective. Journal of Management and Governance，7：117-143.

Krug J A，Nigh D. 1998. Top management departures in cross-border acquisitions：governance issues in an international context. Journal of International Management，4：267-287.

Lee D，Kim K，Kim T G，et al. 2013. How and when organizational integration efforts matter in South Korea：a psychological process perspective on the post-merger integration. The International Journal of Human Resource Management，24（5）：944-965.

Lubatkin M，Schweizer D，Weber Y. 1999. Top management turnover in related M&As：an additional test of the theory of relative standing. Journal of Management，25（1）：55-74.

Pettigrew A. 1990. Longitudinal field research on change：theory and practice. Organization Science，1（3）：267-292.

Ranft A L，Lord M D. 2000. Acquiring new knowledge：the role of retaining human capital in acquisitions of high-tech firms. The Journal of High Technology Management Research，11（2）：295-319.

Shen W. 1999. Relative deprivation，relative standing，and their impacts on executive turnover in the CEO succession context：a social psychological framework. Academy of Management Proceedings.

Tyler T R. 2006. Psychological perspectives on legitimacy and legitimation. Annual Review of Psychology，57：375-400.

Walker I，Pettigrew T F. 1984. Relative deprivation theory：an overview and conceptual critique. British Journal of Social Psychology，23（4）：301-310.

Weber M. 1968. Economy and Society. Berkeley：University of California Press.

Weber U，Mummendey A，Waldzus S. 2002. Perceived legitimacy of intergroup status differences：its prediction by relative ingroup prototypicality. European Journal of Social Psychology，32（4）：449-470.

Yin R K. 2003. Case Study Research：Design and Methods. 3rd ed. Thousand Oaks：Sage.

后　　记

本书完成之际，正是春日繁花盛开之时。本书虽然远不能及百花绽放的那种馨香与美丽；但内含其悄然的努力与沐浴春风的那份喜悦，正如不远处绿葱葱草地中的那棵小草，粘连着晶莹的露珠，随着晨光轻微地舒展。

小草的成长离不开早期的那颗种子。本书依然立足于并购情景。将研究与并购情景结合是在2000年秋季攻读博士之后。当时，导师王重鸣教授希望将研究置于并购情景下，对并购情景的精妙之处尚无法理解的学生，实际上内心充满挣扎，因为样本收集十分困难。最终，融化了挣扎，确定了该情景。从此，这颗种子就撒播在研究的土壤中。直到今天，经过多年的积累和思考，该情景的精妙之处才慢慢开始体味。正如在本书结尾处所言："并购场景由于自身所包含的群体凸显性、身份复杂性和体系混合性而成为探究诸多管理问题的极富魅力的那片沃土。"学习与感悟的历程那么长，鉴于此，本书也必然是学习过程中某个阶段的努力及其产物，瑕疵与局限随之存在，敬请同行包容和批评指正！

小草的成长离不开春日温暖的阳光、雨水和微风。所幸在一个开放包容的学术共同体和工作组织中，即在人力资源与组织行为学术共同体和浙江大学管理学院中，各具特点和走向的心灵、观点、风格被鼓励和拥抱。正是这春日般的环境，才使得不但百花齐放，而且草木丰茂。由此，本书才成为大花园里的一棵被保留和养护的小草。

小草的成长也得益于园丁的施肥和浇灌。本书基于多年来所积累的经典第一手案例资料。为了获得经典案例，需要广泛调研。调研的足迹遍布贵州、广东、山东、江苏、浙江、江西以及北京、上海等省市，这些调研得益于太多人的帮助，恰如园丁的照护。特别是张钢、傅晓、刘宏葆、张雪峰、任洲祺、叶晓梅、孙大可、蒋枫、蒋诚、戴新奇、龚赵峰和屈莹莹等师长、同学和朋友们的大力帮助及支持，让人难忘！

小草的成长还由于有共同沐浴星辰与日光的同伴。如果没有家人的伴随、鼓励和支持，本书又怎么能够被完成？相依为命、共渡难关的历程，怎么不是一种伴随？由于疫情阻隔而三年漂泊海外仍努力学习的状态，怎么不是一种鼓励？要好好学习的殷殷叮嘱，怎么不是一种支持？

“离离原上草，一岁一枯荣。野火烧不尽，春风吹又生。”没有扎根土壤的种子、没有温润的春日、没有互依的生机，哪有一棵草的复原力？

编辑老师轻柔地拂去小草上的灰尘，使其绿油油。

颜士梅

浙江大学管理学院A楼

2022年4月